MW01100613

# Montréal

## la joie de vivre

© ROBIN EDGAR

# Montréal

la joie de vivre

Jean Paré
Peggy Curran
Ron Levine

Profils d'excellence Michael Carin · Légendes P. Scott Lawrence · Direction artistique Robert Shatzer
Profiles in Excellence by Michael Carin · Captions by P. Scott Lawrence · Art Direction by Robert Shatzer

© MICHEL DUBREUIL



Towery Publishing, Inc., The Towery Building, 1835 Union Avenue, Memphis, TN 38104

Publisher: *J. Robert Towery*
Executive Publisher: *Jenny McDowell*
Associate Publisher: *Michael C. James*
National Sales Manager: *Stephen Hung*
Marketing Director: *Carol Culpepper*
Project Directors: *Karen Riva, Ian Dobson, Jean Verdon, Meredith Fowke, Jean Brunelle, Mark Weller*
Executive Editor: *David B. Dawson*
Managing Editor: *Lynn Conlee*
Senior Editor: *Carlisle Hacker*
Editor/Profile Manager: *Mary Jane Adams*
Editors: *Jana Files, John Floyd, Brian Johnston, Heather Ramsey*
Assistant Editor: *Rebecca Green*
Editorial Assistant: *Sunni Thompson*
Language Consultants: *Diane Cousineau, Michèle R. Crump*
Creative Director: *Brian Groppe*
Profile Designers: *Laurie Beck, Melissa Ellis, Kelley Pratt, Ann Ward*
Digital Color Supervisor: *Darin Ipema*
Digital Color Technicians: *John Brantley, Eric Friedl, Brent Salazar*
Production Resources Manager: *Dave Dunlap Jr.*
Production Assistant: *Robin McGehee*
Print Coordinator: *Tonda Thomas*

CIP data may be found on page 256.

# Contenu/Contents

© ROBIN EDGAR

*Les gratte-ciel comme des doigts se dressent et désignent la lune à la tombée du jour. Sublime coup d'œil sur le centre-ville de Montréal et le fleuve Saint-Laurent depuis le sommet du bien-aimé mont Royal, qui se dresse sur 233 mètres au coeur de l'île.*

*At day's end, the moon emerges over the St. Lawrence River and Montreal's downtown core in a breathtaking view from atop beloved Mount Royal, a 233-metre peak that rises from the centre of the island.*

# Montréal

## la joie de vivre

Auteur Jean Paré

Vue de la petite ville de province où je suis né et où j'ai grandi, Montréal promettait la nouveauté, la diversité et la richesse culturelles, l'espace et la liberté. Dès l'instant où j'y ai mis les pieds, j'ai su que cette ville m'irait comme un gant. Je pourrais y travailler, gagner ma vie, rencontrer des tas de gens, goûter à tout, inventer, changer des choses. En quarante et quelque années, pas une fois je n'ai regretté mon choix.

Cette ville m'a permis de mieux comprendre mon pays et son histoire. Dans l'immeuble où je vis, au coeur de la Cité ancienne, sur le lot numéro 1 du cadastre de Montréal, au lieu précis où la barque de son fondateur Paul Chomedey de Maisonneuve toucha la grève il y a 356 ans, je me trouve sur la ligne de partage du temps, où quatre siècles d'histoire s'adossent au bouillonnant déploiement de l'avenir. Mon poste d'observation me permet de voir chaque étape de l'évolution de Montréal. . .

Au loin, le mont Royal que Jacques Cartier gravit en 1535, dans l'espoir d'apercevoir vers le couchant la grande mer de Chine. Une banlieue de Montréal porte encore le nom de cette illusion. En contrebas, devant le pavillon central de l'Université McGill, le pré où s'élevaient les *longhouses* des Iroquoiens de Hochelaga. On trouve le plan de la bourgade sur la carte de Ramusio, datée de 1556. Et sous mes fenêtres, des projecteurs sur camions lancent leur soleil bleu sur des maisons du XIXe siècle où l'on tourne un film qui racontera une histoire de gens du XXIe.

A l'ouest, les gratte-ciel qui abritent les sièges sociaux des industries qui sont le présent et l'avenir de Montréal : aéronautique, télécommunications, informatique, biotechnologies, finance. A l'est, les dômes, les flèches et les dentelles de pierre des bâtisses anciennes qui ont été si longtemps les points d'ancrage de grands rêves d'empire successifs : em-

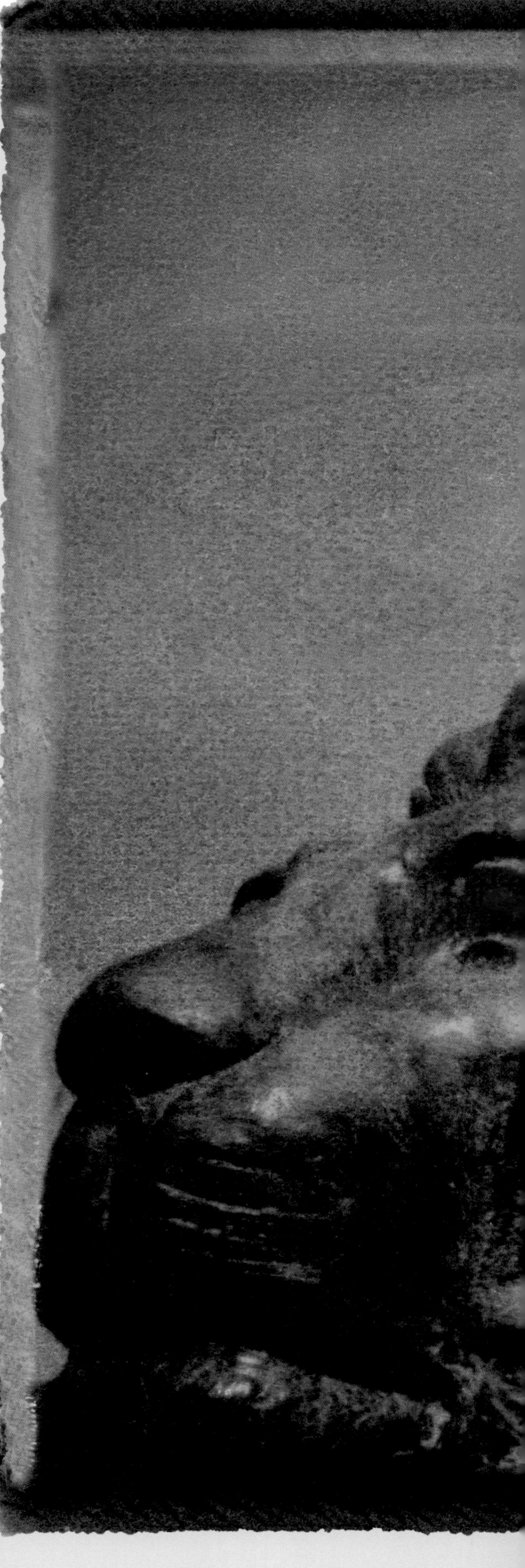

© Linda Rutenberg

*L'architecture et les statues de la ville proclament haut et fort l'histoire d'une Cité ancienne, celle de Montréal.*

*In much of the city's architecture and statuary, Montreal's old-world roots are proudly displayed.*

© MARIE-LOUISE DERUAZ

pire religieux, empire colonial de la France monarchique, empire militaire et commercial de l'Angleterre, empire des marchands locaux occupés à la conquête de l'Ouest. Rêves d'empire, mais rêves éteints. Montréal demeure, mais sans hinterland. Aussi nulle part en Amérique n'a-t-on un sentiment aussi vif d'un destin inachevé.

En regardant par-dessus les toits de l'autre côté de la muraille du passé, on ne peut pas ne pas percevoir cette sédimentation historique qui rend Montréal si différente de toutes les autres villes nord-américaines, ne pas sentir ce qu'il faut bien appeler son âme. Le tracé des rues, qui n'a pas changé d'un pas depuis le plan de 1663, révèle comment la ville s'est étendue au fil de l'arrivée des bateaux d'immigrants. Les vieux entrepôts du commerce des fourrures racontent la pénétration du continent jusqu'au golfe du Mexique et à la baie d'Hudson. Les sièges sociaux tarabiscotés de l'ère victorienne disent sa lente pénétration à travers l'Ouest jusqu'au Pacifique. Aucune ville d'Amérique n'a un tel stock ni aussi varié de bâtiments anciens, une telle superficie de vieux quartiers. Des immeubles souvent vides, parfois même inutilisables, mais précieusement conservés et rénovés à grands frais en attendant une renaissance. Ils sont ce qui reste et restera de 10 générations de Montréalais qui y faisaient des commerces aujourd'hui sans objet, exerçaient des métiers disparus, dans des boutiques qui ne peuvent plus guère servir qu'au tourisme ou à l'habitation, mais qu'il est du devoir d'une ville, d'une civilisation, de conserver comme témoins du passé, comme souvenirs de famille.

Tous ces murs patinés, fissurés, rapiécés sont un récit de pierre où l'on voit les multiples réincarnations de Montréal. Car cette ville a l'étonnante particularité d'avoir dû, toutes les deux ou trois générations, chaque fois que ses maîtres ayant accompli leurs desseins et réalisé leurs objectifs repartaient pour un autre ailleurs, s'arracher à sa confortable routine et se réinventer un destin.

Née colonie mystique sur les bords de la Seine dans la pieuse imagination de quelques fous de Dieu qui pensaient réaliser dans le Nouveau Monde une théocratie autour de peuples qui avaient supposément échappé au péché de civilisation, Montréal n'en devint pas moins en une vingtaine d'années la tête de pont du commerce du castor, de l'alcool et des armes dans le bassin des Grands Lacs. Deux générations plus tard, sa situation privilégiée à la tête des routes d'eau vers le Mississipi, les Rocheuses et le Nord lui vaut une vocation militaire. Elle est d'abord la clé de voûte du dispositif

stratégique de la France, qui pourra ainsi, malgré son infériorité numérique et son échec maritime, contrôler l'intérieur du continent pendant un demi-siècle. Après le Traité de Paris, en 1763, et jusqu'au premier quart du 19e siècle, Montréal sera le centre nerveux de la résistance britannique contre l'expansion américaine.

Ce n'est pas qu'il s'agisse d'une place forte. Le baron Louis-Armand de Lom d'Arce de Lahontan—voyageur, écrivain et remarquable observateur— n'est pas impressionné : « Cette petite ville est ouverte, sans aucune fortification de pieux ni de pierres. » Aussi tombe-t-elle chaque fois que la guerre éclate. D'ailleurs, jusqu'à la Grande Paix de 1701, le quart des décès y furent dus, a-t-on estimé, aux attaques des indigènes.

Mais sa situation stratégique au fond du cul-de-sac que le Saint-Laurent était pour les océaniques, au pied de l'escalier de rapides qui conduit aux Grands Lacs, allait faire de Montréal un grand centre de transbordement et de communication. C'est alors que commence sa quatrième incarnation, où elle devient un fleuron du capitalisme naissant, une grande ville industrielle et commerciale : canaux, chemins de fer, banques, assurances, manufactures. . . C'est le temps de sa plus grande richesse et des plus grandes inégalités. Les voiliers d'Europe apportent comme lest des châteaux entiers en pierres numérotées. Des immigrants, des aventuriers, des protégés du pouvoir s'arrogent de droit royal ou divin des monopoles lucratifs, rasent les forêts comme une nuée de sauterelles avant de repartir recommencer ailleurs, se taillant des pans entiers des grands espaces de l'Ouest.

A la veille de son déclin, qui s'amorce pendant les années qui séparent la Première Guerre mondiale de la Crise, alors que le centre de gravité économique et démographique du Canada se déplace vers l'Ontario et l'Ouest, le Golden Square Mile, enclave de résidences princières au flanc du mont Royal, possède, assure-t-on, 80 pour cent de toute la richesse du pays. Hélas! cette classe industrieuse a assuré, en développant l'Ouest, sa décadence et sa propre émigration. Un jour de la fin des années mil neuf cent-quarante, la valeur des transactions de la Bourse de Toronto dépassa celle de la Bourse de Montréal et plus jamais la situation ne s'inversa. C'est ce jour-là exactement que Montréal a cessé d'être l'impérieuse métropole du Canada. Les sièges sociaux ont suivi la croissance, petit à petit, puis l'argent, puis les gens.

La canalisation du Saint-Laurent, qui à partir de 1958 a permis aux océaniques de se rendre jusqu'à Chicago, le développement des réactés long-courrier, qui a rendu inutile l'escale à Montréal, toutes ces

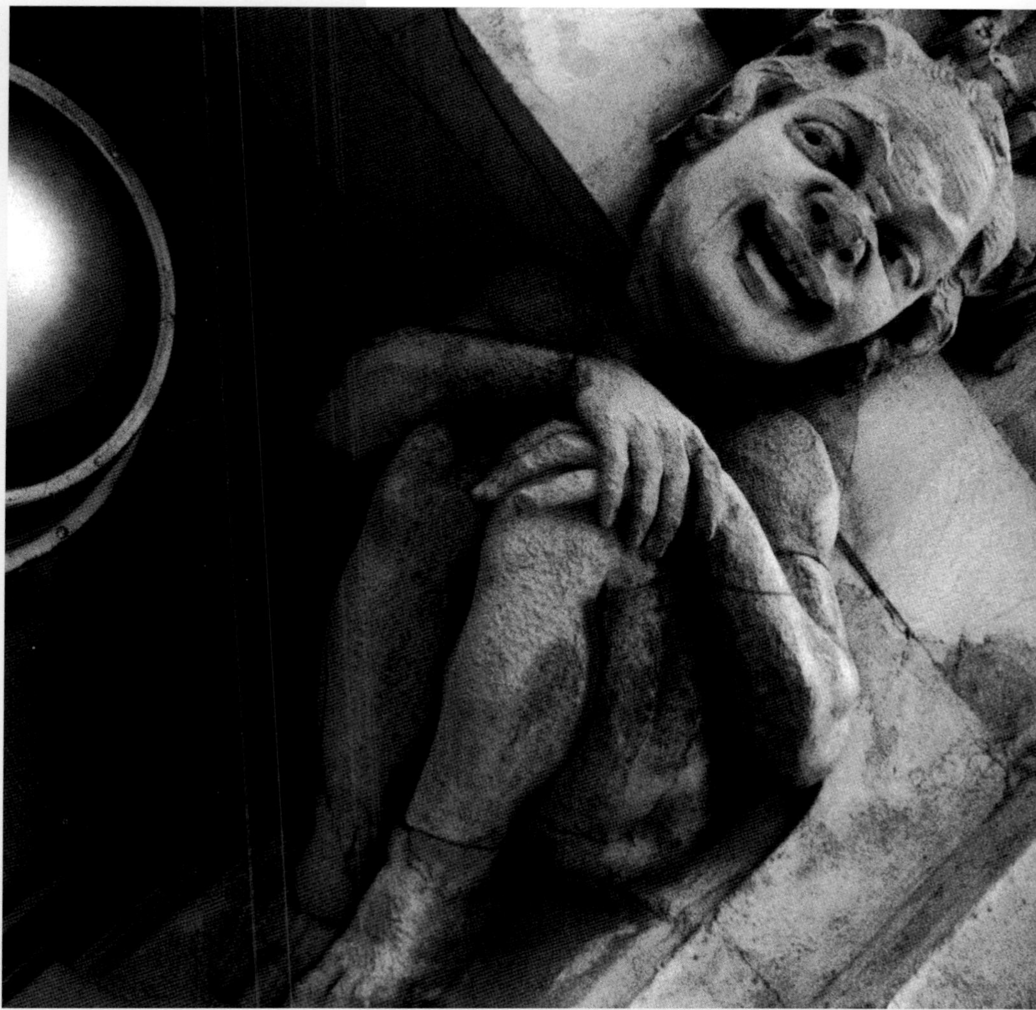

▲ © CARLOS PINEDA

*Le charme de Montréal tient à la grâce de mille détails—de petites branches jetant un regard furtif par-delà le fer ornemental d'un mur de pierre victorien (ci-contre) ou le sourire moqueur d'une gargouille épiant les visiteurs du haut d'un des nombreux immeubles néogothiques de la ville (ci-dessus).*

*Part of Montreal's charm can be found in the subtle grace notes—a cluster of leaves peeking through the ornamental ironwork in a Victorian-era stone wall (opposite) or a grinning gargoyle peering down at visitors from one of the city's many neo-Gothic buildings (above).*

◄ © DANYEL THIBEAULT

*Construite à la fin des années 1850, la majestueuse cathédrale Christ Church au centre-ville de Montréal contraste jusqu'au clocher avec sa voisine toute de verre et d'acier, la Maison des Coopérants.*

*Built in the late 1850s, the majestic Christ Church Cathedral in Montreal's downtown core rises in storied contrast to the glass and steel of the ultra-modern Maison des Coopérants office tower.*

forces ont laissé la ville en périphérie du continent. Jusqu'après la Deuxième guerre mondiale, Montréal abritait toujours, sur une dizaine de kilomètres en bordure du canal Lachine, déjà vieux de 125 ans, une grande partie de l'industrie manufacturière canadienne. Aujourd'hui, cette immense zone industrielle est totalement abandonnée. On en fait, petit à petit, une zone mi-touristique, mi-résidentielle, une opération qui prendra une ou deux générations. Les chantiers maritimes fluviaux, incapables d'accueillir les navires géants d'aujourd'hui, ont été fermés. L'activité portuaire de ce qui est pourtant encore le plus grand port de la côte Atlantique après New York, s'est déplacée en aval. Les bateaux que je vois de ma fenêtre sont des bateaux de croisière et non des paquebots de ligne.

Montréal apparaît comme un colosse qui flotte dans ses vieux vêtements après une cure d'amaigrissement. Les immenses espaces qui abritaient jadis de bruyantes et encombrantes usines sont à réinventer et à recycler pour la « nouvelle économie ». Mais ces industries des services et du savoir prennent bien peu d'espace. Des observateurs ont noté que l'on voit peu de grues dans le ciel de Montréal. La construction et la croissance s'y font le plus souvent par l'intérieur, rénovations effectuées à grands frais à cause des contraintes qu'impose la protection des biens culturels. Les nouvelles vocations de ces immeubles ne sont pas non plus évidentes.

Si le centre de gravité économique a basculé, les autres activités, elles, ont continué. De métropole du Canada, Montréal est devenue dans les années soixante la capitale culturelle et intellectuelle du Québec et le lieu d'une prise de conscience politique que des étrangers qualifieront de « révolution tranquille ». Prise de conscience d'une perte de poids économique, d'un besoin aigu de modernisation, mais aussi d'une singularité aiguë dans un continent homogène. C'est le cinquième avatar de Montréal.

Aujourd'hui, la ville est de nouveau en transition, cherchant à réussir sa sixième incarnation comme centre majeur d'industries du savoir, puisant dans sa tradition séculaire de noeud de communications, ses avantages culturels, sa longue pratique du multiculturalisme et du bilinguisme. L'histoire, cette fois, est à écrire. . .

C'est tout cela que les rues étroites et tortueuses racontent au visiteur qui daigne lever les yeux .

Montréal n'est donc plus une ville de superlatifs. Ce n'est plus la plus grande ville du Canada. Pas la plus riche. Ni la plus pauvre. Elle est devenue une ville pudique qui apprend à la dure les vertus de la modestie, après des efforts démesurés

et ruineux pour garder son rang, comme des Jeux olympiques et une Exposition universelle.

Étagée sur les flancs d'une colline au milieu du delta du puissant Saint-Laurent, Montréal est une des grandes villes canadiennes les plus avantagées par son site. Ville-archipel baignée de tous côtés par les nombreux bras du fleuve et de l'Outaouais, ses nombreux parcs riverains offrent des kilomètres et des kilomètres de façade sur ces eaux diverses. On fait du rafting dans des rapides tumultueux à quelques minutes du centre-ville au coeur d'un sanctuaire d'oiseaux. Les quartiers anciens longent 15 kilomètres de quais et de canal convertis en promenades. A moins d'une heure, les Laurentides ou les Appalaches, au choix, attendent les villégiateurs, les pêcheurs et les skieurs. Le Montréalais considère la possession d'une modeste résidence secondaire, appelée « chalet », comme un des droits de l'homme. Les amateurs de plaisance ont accès, par les lacs, les cours d'eau et les canaux, à l'océan, à New York et aux Grands Lacs. Et au coeur de la ville, la montagne garantit, à 200 mètres au-dessus du bourdonnement des rues, le silence et la fraîcheur de l'altitude.

Montréal est unique aussi par sa texture architecturale. Elle n'a pas eu de Haussman pour lui donner de l'unité après avoir fait table rase du tissu existant. Le Vieux-Montréal compterait un immeuble, assurent certains, pour chacune de ses années d'histoire. C'est une exagération, pour les premières années du moins, mais au détour des rues, selon l'heure du jour ou la saison, on peut se donner l'illusion d'être à New York, à Edimbourg ou à Glasgow, dans une ville de province française du nord, dans une « concession » à Shanghai. Car Montréal est un invraisemblable bazar : quelques bâtiments du XVIIe en style breton, de l'architecture militaire britannique, du néo-classique, des folies victoriennes, des façades italiennes, du Second Empire ou du Beaux-Arts; néo-roman, faux gothique, faux Tudor, école américaine, art nouveau, art déco, vernaculaire commercial, postmoderne, c'est un véritable conservatoire. . .de l'imitation, du pseudo-vrai et du vrai faux, au milieu desquels se dressent quelques créations de maîtres internationaux comme Mies Van der Rohe, I.M. Pei, Nervi, Skidmore Owings and Merrill ou plus récemment Kohn Pedersen Fox. Ou, en bordure des quais, surgissant soudain du 19e sièele entre de lourds entrepôts bicentenaires, les premiers murs-rideaux de l'histoire, technique architecturale désormais universelle.

Peu de ces édifices mériteront une place dans l'histoire de l'architecture : le modèle original est presque toujours ailleurs, et en mieux. La cathédrale

▲ © SPYROS BOURBOULIS

*Le Musée d'archéologie et d'histoire de Pointe-à-Callière, moderne à n'en pas douter, offre au regard de ses visiteurs les ruines d'un Montréal plusieurs fois centenaire. Un tantinet ironique?*

*A soupçon of irony, perhaps? The conspicuously modern Pointe-à-Callière Museum of Archeology and History gives visitors the opportunity to explore the excavated ruins of centuries-old Montreal.*

*À l'une des intersections les plus achalandées du centre-ville, le dôme de la cathédrale Marie-Reine-du-monde a quelque chose d'invitant.*

*From one of downtown's busiest intersections, the dome of the Mary Queen of the World Cathedral beckons.*

catholique, copie réduite de Saint-Pierre-de-Rome, est le symbole absolu de cette réalité. On a imité tout ce qui s'est fait dans le monde. . .et on continue.

En ce sens, Montréal est une ville baroque. Son intérêt, c'est la texture qui accroche toujours la lumière et sollicite le regard. C'est la surprise qui attend constamment le promeneur : immeubles inattendus, toujours intéressants. Aussi, Montréal est-elle un lieu couru par les écoles d'architecture d'un peu partout en Amérique, qui y envoient leurs étudiants. La ville possède aussi certains des plus jolis squares d'Amérique.

Peu d'architectes contemporains ont su saisir dans ce délire baroque les deux éléments qui donnent malgré tout une grande unité à Montréal : une constante verticalité et l'ouverture à la lumière, rare en pays nordique. Quel que soit l'âge des immeubles ou leur style, les éléments de structure ou de décoration, colonnes, pilastres, bandeaux, fenêtres, sculptures s'alignent presque toujours en droites verticales du sol jusqu'au toit, comme les milliers de tuyaux d'un orgue gigantesque. Cette fugue verticale marque presque tous les immeubles postérieurs au régime français. À partir du début du XIXe siècle, elle signe entrepôts, banques, églises, magasins et gagne jusqu'aux gratte-ciel de verre ou de métal. Hélas! la plupart des architectes actuels détruisent cette unité en enfonçant dans ce tissu cohérent les déchirures d'un vocabulaire massif totalement étranger à la culture montréalaise avec des strates horizontales et statiques qui conviendraient mieux aux grands espaces du Midwest. . .ou à la banlieue! Ou des tours de granit poli érigées par des spéculateurs qui confondent édifices et stèles funéraires, villes et cimetières. Montréal est toujours mieux vêtue avec le calcaire gris de son sous-sol. Ces immeubles ne participent pas à la polyphonie montréalaise. Ils gisent comme des météorites là où ils sont tombés.

Deuxième élément d'unité : la fenestration. On aurait pu croire que le besoin de se protéger contre le climat boréal allait produire des bâtisses étroitement fermées sur elles-mêmes. Au contraire, la soif de lumière a fait multiplier les ouvertures dans des murs d'une étonnante légèreté. Alors qu'ailleurs au Québec le plein domine, avec des fenêtres qui ressemblent parfois à des meurtrières, Montréal se rebelle contre le sombre hiver et aspire partout la lumière, la pierre ne formant souvent que d'étroites bandes verticales entre de larges baies qui rythment l'espace de façon incessante, régulière ou syncopée, à deux, à trois, à quatre temps, en triolets, en gammes complètes d'arcades. Ou comme des riffs de jazz.

J'aime bien ma ville de toits pointus et de tourelles, de corniches et de balustrades, de fenêtres et de balcons, ses rues entières de petites menuiseries de bois tourné et découpé, copies naïves des châteaux de pierre du Golden Square Mile. Le pastiche et l'imitation sont une façon pour ses habitants, qui font mine de ne jamais se laisser impressionner, d'affirmer leur égalité malgré d'abyssales différences de fortune, de classe ou d'origine. Un cliché veut que Montréal soit latine. Pas du tout. Dans son indiscipline entêtée et brouillonne, elle est avant tout celte.

La texture sonore de Montréal n'est pas moins intéressante. Elle est située en Amérique, mais on y entend surtout du français. Deuxième ville française du monde, on y entend et on y voit cependant beaucoup d'anglais. Sur un peu plus de trois millions d'habitants, 800 000 parlent cette langue. Montréal est la plus grande ville bilingue et biculturelle d'Occident, davantage que Bruxelles ou Miami. C'est même la seule grande ville bilingue d'un pays qui se veut pourtant officiellement bilingue.

Montréal a enfanté la grande majorité des villes

▲ © ROBERT FRIED / ROBERT FRIED PHOTOGRAPHY

© RON LEVINE

*Montréal est depuis toujours une des plus grandes places d'affaires au Canada.*

*History has proven Montreal to be one of Canada's largest commercial centres.*

canadiennes. Elle a été et est encore un point de départ davantage qu'un lieu d'arrivée. Une étape d'où repartir vers l'Ouest ou le Grand Nord. Vers le Pacifique ou les États-Unis. À pied, en canot, sur deux rails ou en roulotte. On y arrivait d'Europe, on y restait le temps de se sécher, de humer l'air du Nouveau Monde, de s'orienter, de faire quelques provisions de route. Chacune de ces vagues a laissé une strate culturelle et une place pour les suivants. Mais beaucoup sont restés, Français, Anglais, Écossais, Irlandais, Juifs, Italiens, Portugais et Espagnols, Viêtnamiens et Arabes. Tous ont apporté de leur culture, de leurs accents, de leur musique, de leur religion, de leur cuisine. Ville où on ne pouvait lancer une pierre, écrivait Henry David Thoreau, sans briser un vitrail, la ville aux 365 églises, une par jour, disait-on, est devenue celle des 3000 restaurants.

Elle continue d'attirer. La présence de quatre universités de réputation internationale, l'Université de Montréal et l'Université du Québec, McGill et l'université Concordia, y est pour beaucoup. Des centaines de savants y viennent pour ses laboratoires de recherche, ses organismes internationaux, sa vie culturelle bouillonnante. Des artistes, chanteurs, danseurs, musiciens sont attirés par une vie musicale intense, du théâtre, de nombreux festivals. Mais surtout par la qualité de vie. La ville abrite quatre conservatoires et écoles de musique, de nombreux orchestres, l'École nationale de théâtre, l'Office national du Film, des compagnies de danse renommées. On y fait et on y entend presque autant de musique qu'à New York. C'est le premier centre de théâtre au Canada et le deuxième au monde pour le théâtre en français. Le plus grand centre de production de télévision française au monde et le deuxième en Amérique. Il y a du cinéma beaucoup, et pas seulement celui d'Hollywood.

Montréal accomode depuis longtemps toutes les différences. On l'apprécie pour sa convivialité et son savoir-vivre. Montréal n'est pas indemne de tensions, mais les gère sans violence. Les débats sur l'identité, la langue, l'orientation politique sont vigoureux mais ne débordent pas dans la vie quotidienne. Pour la colère, il y a les manifestations, les défilés, la politique. Après, il faut bien vivre et une manif n'est pas la vie. En 25 ans de présence au centre-ville, jamais je n'ai assisté à une rixe sur ces questions. Montréal est un mille-feuille dont la recette est complexe.

La rareté de la violence, qu'il s'agisse de meurtres, de viols, d'agressions est notable. Toutes les statistiques montrent qu'on est plus près de

l'Europe que de l'Amérique. Le visiteur hésite, mais on peut se promener presque partout sans risque, de nuit comme de jour.

La diversité linguistique et culturelle ajoute au charme. Enlevez à Montréal ce qu'il y a de français, c'est Victoria ou Ottawa. Enlevez-y ce qu'il y a d'anglais, ce n'est même plus Québec. Mais les deux ensemble, c'est bien plus qu'une addition. D'ailleurs, Montréal est-elle une ville ou deux? Elle est formée d'une ville française parallèle à une ville anglaise. Cela apparaît clairement dans ses institutions, relativement modestes quand la langue y compte pour quelque chose, comme les bibliothèques, les théâtres, les librairies. Mais celles d'une grande ville là où la langue n'a pas d'importance : stades, métro, orchestres nombreux et de toute première qualité. Montréal n'est peut-être pas la plus belle des villes, quoique à l'échelle nord-américaine elle ait peu de rivales, mais c'est une ville que l'on pourrait qualifier, en jargon contemporain, de conviviale. Une ville facile.

▶ © RON LEVINE

*Le secteur de l'aérospatiale enrichit depuis quelques années le tissu économique de la ville. L'astronaute Julie Payette, spécialiste de mission chevronnée, a littéralement mené l'industrie vers de nouveaux sommets.*

*In recent years, the city's economic base has broadened to include the field of aerospace. Through her role as a vastly experienced mission specialist, astronaut Julie Payette has taken the industry to new heights.*

Montréal pourrait partager la devise de son aïeule Paris : « Fluctuat nec mergitur. » Battue par les flots, elle ne sombre jamais. À chaque tournant, Montréal se réinvente. A quoi donc ressemblera sa sixième réincarnation?

Une fois encore, le cavalier doit changer de monture. Les manufactures de vêtements et de chaussures où l'on faisait suer l'immigrant jour et nuit pour une pitance sont équipées de robots et d'ordinateurs et produisent des marchandises de haute qualité destinées à l'exportation, principalement vers les Etats-Unis. L'informatique permet à des artistes d'inventer la mode, d'exporter du design, de faire des films. Dans les vieilles rues où bourdonnaient jadis les ateliers de mécanique sont nées les images virtuelles de films comme *Titanic* ou *Jurassic Park*. De jeunes savants bûchent sur les médicaments de demain.

Et encore une fois, Montréal réussit discrètement une mutation. Pendant qu'ailleurs on s'émeut — ou on se réjouit — de l'effacement de sa vieille économie, les Montréalais s'imposent dans la nouvelle. Pour n'être plus la métropole du pays, Montréal n'a pas pour autant baissé les bras, bien au contraire. Cette ville n'est pas du genre à se donner des airs et s'occuper de ses relations publiques, hélas! « Aime-moi comme je suis », dit-elle. Et si elle laisse ses rivales médire d'elle, c'est parce qu'elle s'exprime principalement en français dans un continent où tous les grands réseaux sont anglais. Grave négligence.

Montréal offre d'ailleurs un bien curieux exemple de la théorie de la relativité. Quand Hong Kong a

© BUD LEE / THE ARTISTS AND WRITERS GROUP

*Les Montréalais attendent mai comme une délivrance et envahissent alors les nombreux cafés et les terrasses de la ville. Septembre venu, les lieux sont déserts.*

*From May to September, Montrealers insist on taking their pleasures alfresco from one of the city's numerous cafés and sidewalk terraces.*

été avalée par la Chine, tout le monde capitaliste a eu la trouille. La production économique de la région montréalaise (PIB) pèse pourtant plus lourd que celle de Hong-Kong. C'est une des très rares villes au monde, dit-on, où l'on trouve dans un rayon de 10 kilomètres du centre-ville tout ce qu'il faut pour construire un avion : cellule, train d'atterrissage, moteurs, équipement électronique. Le Canada est aujourd'hui le quatrième producteur aéronautique au monde et Montréal compte pour plus de soixante pour cent de cette production. La ville abrite également soixante pour cent de la production canadienne de matériel de télécommunications, quarante pour cent de la recherche biotechnologique et pharmaceutique du pays. Elle est au dixième rang en Amérique du nord pour la biotechnologie et au premier pour ce qui est de la proportion d'emplois dans les industries du savoir et de la technologie. On y trouve les leaders de la télémédecine, de la traduction informatisée ou de la simulation de vol.

Tout cela n'est pas visible de la fenêtre d'un car de tourisme. Trop souvent on ne montre au visiteur que le Casino, le Stade olympique, la Cité des Arts, la place Ville-Marie, la montagne et le Vieux-Port, avec arrêts obligatoires dans quelques pièges à touristes. Pour connaître Montréal, il faut marcher, flâner, longer les vieux murs de pierre, s'étonner devant des inscriptions et des graffiti à demi effacés. Il faut mettre le nez dans les portes cochères, les passages et les ruelles, trouver la surprise d'un petit jardin ou d'un bistro invisible de la rue, un bar coincé entre de vieux murs, un petit musée. Chercher des secrets qui se laissent volontiers découvrir.

Voici une ville de petits détails qui ne frappent plus les Montréalais mais qui étonnent lors d'un premier contact. A cinq minutes de promenade de chez moi, par exemple, il y a une douzaine d'horloges publiques dont l'une donne l'heure aux Montréalais depuis 1701. Montréal est une ville de statues — personnages historiques, poètes, explorateurs, guerriers, religieux, allégories, sirènes, déesses, lions, même un dindon ! — une incroyable sarabande de bronze et de pierre comme on n'en trouve pas d'autre de ce côté de l'Atlantique.

Née de son fleuve, Montréal vient de le retrouver après lui avoir tourné le dos pendant un long siècle où elle s'était enfermée derrière une muraille d'entrepôts. L'eau et les rives étaient trop précieuses pour les utiliser à autre chose qu'au commerce du bois, du grain et d'autres marchandises. Mais les engrenages et les bielles de l'ère industrielle, les sifflets des locomotives à vapeur et les sirènes des navires sont depuis

longtemps silencieux. Il n'en reste que les « Symphonies portuaires », un concert annuel de cornes de brume et de cloches des navires à l'ancre et des églises du Vieux-Port.

La ville a retrouvé le mouvement et le scintillement du fleuve, son odeur mouillée et les cris de ses oiseaux. Le miracle est survenu lors de l'Exposition universelle de 1967, année charnière entre le Montréal de l'ère industrielle et celui d'aujourd'hui. L'Exposition, la plus belle et la plus conviviale de l'histoire de ces grandes manifestations culturelles et commerciales, selon les connaisseurs, était située sur les îles du Saint-Laurent. Elles constituent aujourd'hui le plus grand et le plus spectaculaire parc de la ville qui s'étend d'année en année et jette des colonies vertes sur toutes les rives de l'archipel.

Chacun a son Montréal. Pour certains, c'est le creuset, le melting-pot, un rêve d'abolir toute différence de race et de culture. Pour d'autres, tout au contraire, leur ville est l'incarnation de la survivance entêtée des cultures et des langues, le symbole de la résistance aux forces qui tendent à homogénéiser la planète. Au fond, à Montréal, chacun pense ce qu'il veut, comme il fait ce qu'il veut. Des auteurs y voient une ville de la mémoire, qui refuse de se laisser moderniser et pousser vers le futur. Pour d'autres, Montréal est une « ville de l'oubli ». Un romancier la qualifie de ville « maternelle ». Une bonne mère, qui gronde souvent, se plaint toujours, mais pardonne tout. . .

On pourrait même dire que c'est une ville utérine! Tous les guides touristiques mentionnent les 22 kilomètres de passages, de couloirs, de magasins et de boutiques du célèbre Montréal *underground*, une réalisation unique, souvent copiée, jamais égalée, et le seul des nombreux plans de développement de Montréal qui ait jamais été réalisé. Les urbanistes ont beaucoup critiqué cette ville souterraine, qui aurait le tort selon eux d'aspirer les commerces et le chaland sous terre, vidant les rues de leur activité. Pour défendre ce point de vue, il faut n'avoir vu Montréal qu'à la belle saison, n'avoir jamais éprouvé la morsure du vent de janvier ni pataugé dans la neige mouillée.

Il existe des Montréalais qui pourrraient sortir en costume et en escarpins, même quand la tempête fait rage et que le froid brûle, faire toutes leurs courses, aller au bureau, à l'université, au spectacle ou au concert et même, par le métro, se rendre dans des lieux situés à des kilomètres de distance, voire de l'autre côté du Saint-Laurent, sans jamais mettre le nez dehors. Comme des fourmis. Mais ils ne le font pas. Car les Montréalais adorent la rue et le soleil. Cette ville extrovertie souffre d'être enfermée des mois entiers par son climat. Elle se précipite de-

▲ © SPYROS BOURBOULIS

*Autrefois le plus vaste complexe administratif dans tout l'empire britannique, l'édifice Sun Life, au cœur du district des affaires montréalais, a tout d'un tableau des beaux-arts que l'on contemple à loisir le temps d'un goûter en plein air.*

*Once the largest office complex in the British Empire, the Sun Life Building in the heart of Montreal's business district provides a perfect beaux-arts backdrop for a midday snack.*

© LADISLAS KADYSZEWSKI

hors sitôt que le temps le permet le moindrement. C'est à qui ouvrira la première terrasse, au printemps, y prendra le premier café, alors que le fond de l'air reste hivernal. La population entière se donne rendez-vous dans ses vieilles rues, peu importe l'heure. Le touriste s'étonne d'y voir plus d'activité à 2h du matin qu'en plein jour dans les autres villes du pays.

Sur le chemin du pôle, Montréal est une ville méridionale. Une ville de festivals, d'expositions, d'anniversaires, une ville de fêtes. Cela est dû au caractère du Montréalais, qui est volontiers badaud et populiste et n'a pas la tête très politique. Son histoire le montre. Il a toujours été trop occupé de commerce et de plaisir pour faire sa cour aux puissances, parlements et mandarins, à plus forte raison pour apprendre à utiliser efficacement le pouvoir. Avec le résultat qu'en cette province, le pouvoir politique réside encore dans les petites villes et les campagnes.

Montréal, avec son fleuve, sa montagne, ses arbres, est une ville d'été. L'hiver y est dur, violent même. Le froid vrille. Dès novembre, la lumière sombre. Elle ne réapparait, par moments, que dans les grands froids de janvier et de février, quand le visiteur dit que le ciel, d'un bleu cristallin, est « plus haut

*Entre les brillants débuts de Montréal dans le commerce de la fourrure en Amérique du Nord et la ville de lumières et de gratte-ciel qu'elle est devenue, deux siècles sont passés.*

*Since its 18th-century origins as a North American fur-trading centre, Montreal has grown to become a city of bright lights and skyscrapers.*

qu'ailleurs ». Alors, Montréal hiberne. Les terrasses sont fermées, les vitrines embuées, les trottoirs déserts, les rues encombrées de voitures, de neige, de glace, de saletés. C'est dans ces moments-là que les gens d'ici montrent ce qu'ils ont dans le ventre, ou lors de mémorables catastrophes naturelles. Malgré quelques journées radieuses quand elle brille sous la neige dans le soleil, Montréal n'est pas très ragoûtante en hiver. Ses habitants attendent le printemps comme une délivrance. Ils le guettent comme un gabier cherche la terre du haut de sa vigie.

Et en mai, dans l'air doux qui purifie tout, Montréal émerge des sédiments de l'hiver, la racine vivace se refait en quelques jours une nouvelle verdure, une nouvelle jeunesse.

Ainsi en est-il des saisons, ainsi en a-t-il toujours été des époques à Montréal. Entre chaque cycle s'écoule non pas un hiver, mais une génération, le temps de faire un bilan et de trouver un nouveau filon.

Ou va Montréal? Regardez-nous bien. ❋

© BENOIT CHALIFOUR

*Devant le mont Royal aux aguets, la ville semble sortir de terre comme une Avalon des temps modernes.*

*With Mount Royal looming behind it, the city seems to rise out of the surrounding topography like a modern-day Avalon.*

© PERRY MASTROVITO/INTERNATIONAL STOCK

*Le pittoresque canal Lachine fut un jour une grande artère commerciale. Le promeneur qui s'y attarde peut admirer le paysage urbain de Montréal sous des angles privilégiés.*

*Once a significant commercial waterway, scenic Lachine Canal today offers one of the better vantage points from which to take in the Montreal skyline.*

# Montréal
## la joie de vivre

By Peggy Curran

Montrealers can tell you exactly when our spring begins. One day in late February, the sun shines, the snow melts, and battalions of us shake off the lingering effects of cabin fever. In leaky boots, we traipse through the slushy sidewalks of St. Catherine and St. Denis streets, or along Sherbrooke Street and St. Laurent Boulevard, and declare the new season *ouvert*.

Naturally, there will be more snow dumped before winter is over. March is notorious for blizzards, and Montrealers like to scare newcomers with horror stories about the year it snowed on Mother's Day. Some of us actually enjoy the cold weather, especially those crisp, sunny days when the world is white against a bright blue sky and it's standing-room-only on the skating rink at the Old Port.

But on the day of the first big thaw, die-hard skiers and people whose idea of a winter sport is pushing the car out of a snowbank react as one. Because *this* is the day Montrealers believe winter really will end, and we start making plans for a summer of festivals, outdoor concerts, and street parties.

Montrealers have a well-earned reputation as party animals, and we polish it every chance we get. Some people trace it back to the 1940s, when our nightclubs jumped with the hottest acts on the continent; others to the magical summer of 1967, when more than 50 million people came to the World's Fair. Some say it's our Latin temperament. Whatever the reason, the bars stay open until 3 a.m., and unlike most other parts of Canada, you can buy wine and beer in any corner store.

Which is not to suggest Montreal's joie de vivre is all about drinking, because it's not. It's about living well, eating well, dressing up, and having a great time. It's about feeling safe walking alone at night or riding the Metro, and about having a downtown core where

▶ © Linda Rutenberg

*L'île de Montréal est ponctuée d'espaces verts publics. Le sommet du mont Royal procure à lui seul près de 500 âcres de parcs aménagés.*

*Much of the island of Montreal is dotted with public green spaces, including nearly 500 acres of parkland atop Mount Royal.*

La joie de vivre

© BENOIT CHALIFOUR

people still live. It's about long lunches on Friday afternoons, making time for your friends, and never working so hard that you forget how to play.

One side effect of living in a city known for its nightlife, however, is that people don't take starting time very seriously. Say you're invited to a party in Montreal, and you're told it will start at 8 p.m. Unless you're going for dinner, you might want to think of this as a rough guide. It's not unheard of for a wary Montrealer to turn up a good 90 minutes late, only to discover they're the first guest to arrive—and that the host is in the shower.

Although we cherish the first thaw and the summertime activities that follow, winter in Montreal is not the bleak season that many outsiders believe it to be. Granted, the city is perhaps better known for its harsh winters, which have helped shape its identity and steel the will of those who make their homes here. Pitched halfway between the equator and the North Pole, Montreal experiences winters that are relentless—the average temperature in January is a minus 8.9 degrees Celsius, with the recorded low a wicked minus 33.9 degrees Celsius.

The upside is that there's also an abundance of snow and fine ski hills within an easy hour's drive in almost any direction. Every child has a pair of skates and a toboggan, and no home would be complete without a shovel and a bag of rock salt in the front hall. A true Montreal motorist never leaves home without jumper cables, learns early how to drive on ice, and each year erects an ugly plastic awning over the driveway. We put the Christmas lights up early and leave them there until spring. And Montreal has one of the world's most sophisticated underground cities, a complex of tunnels, shops, offices, and subway stations—proof that if you can't beat winter, you can at least hide from it.

Then, the weather begins to warm and our joie de vivre becomes even more evident as the city moves outdoors. We forget about blizzards, like a mother who blocks out the pain of childbirth until she has another baby. Our summers are hot and sticky, but kids and adults can cool off at several public beaches around the city, or head for a shady cottage in the Eastern Townships, the Laurentians, Vermont, or northern New York.

Montreal's summer officially begins with the Fête Nationale holiday on June 24, continuing with Canada Day celebrations on July 1, and the Montreal International Jazz Festival, which runs some two weeks from late June through early July. Moving Day for apartment dwellers is July 1 and we tend to turn that into a happening, too. By the time

the construction holidays roll around during the last two weeks of July, nobody is getting any work done. But long before that, in early spring, there's always a test run as Montrealers of all languages, religions, and political persuasions rub parkas at the St. Patrick's Day parade.

Montreal has four big summer festivals (one each celebrating jazz, comedy, and film, as well as the French-inspired FrancoFolies), along with a whole bunch of minor ones, featuring everything from fringe theatre to gourmet food on a stick. Year-round, the cultural scene includes the Montreal Symphony Orchestra, the L'Opéra de Montréal, and dozens of museums, art galleries, chamber music ensembles, dance troupes, and theatre companies. Montreal is home to four universities, and our Botanical Garden ranks among the world's finest horticultural institutions. We're close to 40 ski resorts, 80 golf courses, 90 marinas, and miles of quality bike paths.

For those who enjoy spectator sports, as well as the area's many recreational pursuits, we have professional baseball, hockey, football, and soccer franchises; harness racing; the Casino de Montréal; and the Grand Prix Formula 1 race. Of these, the most important by far to the city's psyche is hockey. The first hockey game with rules was played in Montreal in 1875, and we still feel that it's *our* game, and that the rest of the world swiped it from us.

The fortunes of our Montreal Canadiens—winner of 24 Stanley Cups, making it the most successful professional sports franchise in the world—are often used to measure how the city is doing in good times and bad. When superstar goaltender Patrick Roy was traded a few years ago, the city blew a collective gasket. And no matter what anyone tells you about Montrealers' obsession with politics, three of the city's biggest riots during the last 40 years started over a hockey game.

▲ © CARLOS PINEDA

*Il n'y a pas de farfadets de bois, seulement un esprit malicieux derrière les truculents masques de feuilles d'érable qu'arborent jeunes et moins jeunes.*

*Wood sprites? Not quite, but children with maple-leaf masks and adults in colourful bloom can at least be said to share a puckish spirit.*

Over the years, we've also had some monumental fights in this city about language issues and rogue apostrophes. There are sharp divisions on whether the future of the province of Quebec lies inside or outside Canada, and where Montreal fits into the equation. But the bickering nearly always stops at the official level.

Montreal has been a French city since European explorers set up camp on the island in the St. Lawrence River in 1642. These days, 3.3 million people live in more than 100 cities and towns that make up the metropolitan region. For most, French is their first language.

But the city was also shaped by infusions of British settlers, Scottish bankers, and Irish labourers. Earlier waves of Italian, Greek, and Eastern Euro-

pean immigrants have since made way for newcomers from Latin America, Africa, Asia, and the Caribbean. All have helped give Montreal a multiethnic, cosmopolitan flavour; today, the children enrolled in Montreal's French and English public schools are exposed to numerous languages.

Living in a bilingual, bicultural city means finding ways to get along, and Montrealers are pretty good at it. We pride ourselves on tolerance and openness: It was no accident that more than 50 years ago Jackie Robinson broke the colour barrier in baseball when he began his professional career with the Montreal Royals (the minor-league franchise that preceded the Expos). Most people are glad to be able to talk to their neighbours, co-workers, and relatives in two—sometimes three or four—languages.

All that mingling makes our dialogue sound different from most. We beg, borrow, and steal words from each other, and we flit back and forth between languages, often in mid-sentence. Montreal French doesn't sound much like the stuff you'll hear in Paris (our waiters are much nicer, too). Montreal English has been declared a dialect because of the way we throw French words into the linguistic blender and make them our own.

Traditionally, St. Laurent Boulevard, which Montrealers think of as "the Main," was considered the city's artificial dividing line, with most Francophones clustered on the east side of the north-south artery, and most Anglophones on the west. But in recent years, those arbitrary boundaries have blurred. The funky downtown neighbourhood called Le Plateau is home to hipsters of all tongues, and more and more French-speaking families have moved to the west-end suburbs.

For all our language differences, Montrealers are an effusive, expressive lot. Kissing is very big. Newcomers from more sedate cities sometimes have trouble getting the hang of the fine art of social kissing, so here's a primer: Kiss everybody. Twice. If you're meeting a person for the first time, you might get away with shaking hands on the way in, but be prepared for the two-cheek kiss on the way out.

We also have a habit of talking with our hands, even when we're driving, which we do really, really fast. This combination can be hazardous, since the only thing as dangerous as a Montreal motorist is a Montreal pedestrian. There's no history of prosecuting jaywalkers in Montreal. The police may try to crack down from time to time, but nothing seems to work. So Montrealers have devised their own rules for crossing downtown streets. We don't watch the traffic lights; we watch the oncoming traffic. If it's slow, we walk. If it's fast, we run.

Montreal's skyline, and indeed its name, is defined by "the mountain." At less than 770 feet above sea level, the humpbacked ridge known as Mount Royal is really a hill with attitude. Yet, along with the river, it is the city's most striking feature, providing a backdrop for bridges and skyscrapers, and determining the curvaceous shape of our streets.

Back in the 1870s, city fathers had the foresight to set aside nearly 500 acres of the mountain—then a great distance from the town's centre—and commissioned Frederick Law Olmsted to design a vast public park. Olmsted was known as the world's top landscape architect, having designed and built both New York's Central Park and Boston's Emerald Necklace. In Montreal, Mount Royal Park has grassy meadows, walking paths, a man-made lake, and an impressive lookout. But the true beauty lies in the abundance of wilderness trails and untamed groves, where you can still find raccoons, red foxes, and snowshoe hares. (Beware the kamikaze squirrels, hooked on picnickers' leftovers.) Hikers who make

*Toute l'année les Montréalais vont en foule au lac des Castors. Ils vont patiner l'hiver, se rafraîchir l'été ou admirer les feuilles rougeoyantes à l'automne.*

*Year-round, Montrealers flock to Beaver Lake for ice-skating in the winter, a cooling foot bath in the summer, or leaf-gazing in the fall.*

▲ © SEAN O'NEILL

© RON LEVINE

*Tout Montréalais qui se respecte vous dira que La Maison du Bagel, dans le district du Plateau, est l'un des seuls endroits au monde où le bagel est digne du nom qu'il porte.*

*As far as any self-respecting Montrealer is concerned, La Maison du Bagel in the city's Plateau district is one of the only places in the world where a bagel tastes the way it should.*

it to the summit can see the steel cross—erected in 1924 by the St. Jean Baptiste Society—that illuminates the night sky.

Montreal is not one of those grid cities. Our streets are narrow, one-way, unpredictable. They began as horse tracks, and it shows. They wend and twist and go where they shouldn't. Some of the suburbs are equally unpredictable, and have a habit of showing up in the unlikeliest places—like the middle of the city.

Several of Montreal's most prosperous older suburbs—such as Westmount, Outremont, Hampstead, and the Town of Mount Royal—are at least partly landlocked by the city. Yet, that hasn't prevented them from carving out their own identities. With its fine library, old growth trees, and imposing stone mansions, Westmount was once considered the enclave of the wealthy Anglo establishment. It still retains a Victorian air and is a good place to own a dog and watch for birds in Summit Park. The big brick houses in Outremont are just as impressive, but the artists, actors, and politicians who live there are also drawn by the great shops and restaurants on Laurier Avenue.

In Montreal itself, more people rent apartments than own homes. Older city neighbourhoods feature duplexes and triplexes of brick or Montreal greystone, with high ceilings, big windows, clawfoot tubs, and hardwood floors. Many have winding, wrought-iron staircases that can be treacherous on icy winter days. The sturdy steps are a throwback to the time when large families were happy to trade the comfort of an indoor stairwell for space enough to afford an extra bedroom. In summer, the steps suit our social temperament, offering the perfect vantage point for watching the street from *balconville*.

Our social temperament is also demonstrated in our culinary habits. We take food very seriously. A Montreal restaurant cannot survive on decor alone. With 6,000 competitors, ranging from the haughty Les Halles to purveyors of the most grotty *casse-croûte*, ferns are not enough. High-end restaurants boast famous chefs and renowned sommeliers, but you can get a decent meal for less than $15 at any of the bring-your-own places on Duluth or Prince Arthur. For those preferring their own fare, there are plenty of great public markets—try Atwater in the west end or Jean Talon in Little Italy.

Since Montreal is a French city, good bread is all important. A museum even had an exhibit dedicated to the subject. Whether it's baguette, crusty Portuguese rolls, or Belgian sourdough, we demand—and bake—the best. Likewise with our bagels, which are denser and chewier than their cousins in other North

American cities. A real Montrealer will never order a bagel elsewhere in Canada, and no ex-Montrealer leaves town without filling orders to take back home.

Even our junk food has a cult following. In Montreal, May West and Jos. Louis aren't celebrities but snack cakes, and it's wise to stick to the protocol when eating Whippet biscuits: Smash the chocolate shell and eat it piece by piece before swallowing the marshmallow centre.

Montreal hot dogs come "steamé" (steamed) or "toasté" (grilled), and we eat them "all dressed"—that's with mustard, relish, and a chopped onion topping. You might want to wash them down with spruce beer, a fizzy soft drink that really tastes like a tree. Then again, you might not. The upstart in fast food gastronomy is "poutine," a concoction of French fries and congealed cheese curds, topped with brown gravy (although there are many variations). To make poutine Michigan, chop hot dogs on top; for poutine spaghetti, substitute spaghetti sauce.

The city's most celebrated food is (surprise) Montreal-style smoked meat. Whatever you do, never, never call it pastrami. The city's best-known smoked-meat joint is Schwartz's Deli on the Main. Have it on rye with a dill pickle. Don't be surprised if the waiter seats strangers at your table and don't even think of having a meeting. If you must linger, go to Bens instead, where the linoleum was retro before retro was in style. See if you're old enough to recognize anyone on the autograph wall.

When Mark Twain came to Montreal in 1881, he said it was the only city he knew where you couldn't throw a brick without breaking a church window. Religious devotion has flagged a bit since then, but there's still a holy tilt to many of the city's most memorable and ornate buildings.

St. Joseph's Oratory on Mount Royal, perched with its green copper roof on the side of the mountain, houses one of the world's largest organs. It also has—preserved in a glass case—the heart of its saintly founder, Brother André. Mary Queen of the World Cathedral is a copy of St. Peter's in Rome. Christ Church, the Anglican cathedral, was literally lifted up on its foundation a decade ago so developers could build a mall underneath it. Notre Dame Basilica, with its breathtaking blue and gold ceiling, is the place for celebrity weddings. Singer Celine Dion and hockey star Mario Lemieux were married there, although not to each other. Even Montreal can't handle that much spectacle.

Naturally, there's more to local architecture than churches. It depends on what you like—the gargantuan wedding cake style of the Sun Life Building, once

© RON LEVINE

*Les étals du marché Atwater de Montréal se parent de leurs plus beaux atours pour attirer l'attention des visiteurs.*

*At Montreal's Atwater Market, specialty bread, cheese, fish, and produce merchants vie for the attention of hungry shoppers.*

© ROBIN EDGAR

*Parmi les barons de l'architecture montréalaise figurent l'avant-gardiste Habitat 67, un complexe de logements en copropriété (ci-dessus), et le fantaisiste Guaranteed Dairy, un château d'eau en forme de bouteille de lait (ci-contre).*

*The architectural highlights of Montreal include the avant-garde Habitat '67 condominium complex (above) and Guaranteed Dairy's whimsical milk-bottle-shaped water tower (opposite).*

the tallest structure in the British Empire; the jumbled building blocks of Habitat '67; or the sleek lines of architect Ludwig Mies van der Rohe's Westmount Square.

We also have an abiding affection for things kitschy, outlandish, or down-at-the-heels: the Guaranteed Pure Milk bottle, suspended in the air just a block from the ultramodern Molson Centre; the Leaning Tower of St. Leonard, tipping toward the Metropolitan Expressway; the neon glare of the Five Roses flour sign, which welcomes you as you drive into town across the Champlain Bridge; or the lopsided spaceship of Olympic Stadium, looming behind the Chinese pagoda at the Botanical Garden. For double exposure, watch the summer sun set over the fluorescent orb of the Orange Julep.

Montreal has experienced its share of lean years, and sometimes it's difficult not to feel a little gloomy. With our aging manufacturing sector, we were hard hit by the last recession and it took a long time to bounce back. We're still recovering from the financial excesses of the 1976 Olympic Games and the emotional wrenching of two referendums to decide whether Quebec will stay in Canada or go. So many relatives and neighbours have moved away that sometimes it's not easy to remember why we didn't pack up, too.

And then, an old friend invariably visits home from Toronto or Calgary or one of those places that the public buzz claims are at the top of the heap. She says these days she's so busy that she never has time to stop for lunch, that she hasn't been anywhere interesting in months and, even if she wanted to, she wouldn't be able to get a ticket, and, of course, "Please, can we stop to get bagels right away?"

Lately, Montreal's economy has been picking up speed. Industries such as biotechnology, pharmaceuticals, aeronautics, and computer software are booming, and housing construction is up. St. Catherine Street has gotten its lustre back after years of empty storefronts and decay. For the first time in a long while, Montrealers are feeling good about the present and optimistic about the future. True, Montreal is no longer Canada's metropolis, and the Montreal-Toronto rivalry burns—but only briefly—when the Maple Leafs come to town.

We're not in the fast lane. But then, do we want to be? Any time of day in any season, the city looks terrific from atop Mount Royal. There's a feeling that maybe what we have here—the croissants and café au lait, the sports and recreation, the old buildings and the new towers, the mountain in the middle of the city—is really extraordinary. And to top it all off, one day very soon, we know there's going to be a party. ❋

ANTEED
GU
Marriott

◆ © LADISLAS KADYSZEWSKI

*Quelqu'un, depuis le belvédère du mont Royal, a embrassé la ville de son regard et gravé dans la neige des mots par la beauté inspirés.*

*The Mount Royal overlook offers a bird's-eye view as the nighttime snow imparts a heartfelt message to the city.*

© ROBIN EDGAR

*On se souviendra longtemps du El Niño et de la tempête de verglas qui s'est abattue sur le sud du Québec durant l'hiver de 1998. Les habitants de cette région ont vécu dans le noir—et le froid glacial—pendant près de deux semaines.*

*El Niño strikes El Norte: In the winter of 1998, a series of freak ice storms hit southern Quebec, plunging much of the region into darkness—and bitter cold—for the better part of two weeks.*

*Malgré des températures glaciales et leurs cortèges de difficultés, les hivers à Montréal ont un je-ne-sais-quoi de charmant—ne posez jamais la question à quelqu'un qui a le nez sous le capot. Plutôt vous fier à l'attitude des messagers à bicyclettes, ces durs à cuire qui ne baissent jamais les bras, qu'il pleuve, qu'il neige, qu'il grésille.*

*Despite freezing temperatures and the occasional attendant hardships, Montreal's infamous winters possess a certain idyllic charm—unless, of course, your car battery succumbs to the crippling cold. Better, perhaps, to follow the transportational lead of local tough-as-nails bicycle couriers, who are slowed by neither rain, nor sleet, nor snow.*

© ALLEN McINNIS

© JEAN-FRANÇOIS BERUBE

VENDRE

© ALLEN McINNIS

▶ © ALLEN McINNIS

*Aux rudes hivers succède la bienfaisante chaleur de l'été. Le climat est tout en contrastes à Montréal, il peut faire un froid à geler le mercure comme il y a des jours où le soleil est de plomb.*

*Montreal is a city for all seasons, where winter's "warmth" can plummet to minus 25 degrees Celsius, only to rejuvenate in summertime, when temperatures soar into the plus 25-degree Celsius range.*

▼ © BENOIT CHALIFOUR ▲ © ROBIN EDGAR

*L'île de Montréal est l'un des plus grands ports de mer de la côte Atlantique, une fenêtre ouverte sur la voie maritime du Saint-Laurent qui fait le pont entre l'océan atlantique et les Grands Lacs. C'est la route qu'empruntent maints cargos et embarcations de plaisance l'année durant sauf au plus fort de l'hiver.*

*An island city, Montreal is one of the eastern seaboard's major ports, serving as a point of entry to the St. Lawrence Seaway. As a link between the Atlantic Ocean and the Great Lakes, the seaway handles substantial commercial cargo through all but the coldest winter periods, as well as an abundance of recreational marine traffic.*

© BENOIT CHALIFOUR

© ROBIN EDGAR

▲ © LADISLAS KADYSZEWSKI

*Le charme de Montréal réside en partie dans le mariage quelquefois étrange mais d'habitude harmonieux de l'architecture ancienne et moderne : les tours du Marriott's Courtyard qui dominent la vieille gare Windsor (ci-contre à gauche), un vénérable mur de pierre auquel le lierre attache ses griffes, sous la Place Mercantile (ci-contre à droite) et deux des premiers gratte-ciel blottis l'un contre l'autre dans le Vieux-Montréal.*

*Much of Montreal's charm resides in its sometimes quirky, but usually harmonious blending of old and new architectural styles: Marriott's Courtyard Montreal towers above the historic Windsor train station downtown (opposite left); a thick blanket of ivy creeps over a venerable graystone in front of Place Mercantile (opposite right); and two of the city's early high-rises huddle in Old Montreal (above).*

*Construit durant le boom des affaires qui a marqué les années 90, l'édifice de IBM-Marathon, dans le Vieux-Montréal, est de taille à impressionner.*

*Constructed during the business boom of the 1990s, the IBM-Marathon building in Old Montreal strikes a commanding pose.*

▲ © SEAN O'NEILL

*Mark Twain n'avait pas tout à fait tort quand il a dit, lors d'une visite à Montréal, qu'on ne pouvait lancer une pierre sans briser un vitrail. La cathédrale anglicane Christ Church, construite en 1859, compte parmi les doyens des quelque 250 édifices consacrés au culte répartis sur l'île. La Maison des Coopérants, sa voisine, n'est certes pas d'hier.*

*Mark Twain was exaggerating only slightly when, during a visit to Montreal, he remarked that you couldn't throw a brick without breaking a church window. Among the more than 250 houses of worship scattered across the island, Christ Church Cathedral, an Anglican structure built in 1859, is one of the city's oldest. The neighbouring Maison des Coopérants is, obviously, of a more recent vintage.*

© SEAN O'NEILL

▲ © ROBIN EDGAR

*Située en plein district des affaires, la cathédrale Marie-Reine-du-monde (ci-contre) est une copie réduite de Saint-Pierre-de-Rome, baldaquin néobaroque doré couronnant l'autel compris. Un seul coup d'œil aux détails d'architecture d'autres édifices à Montréal vous convaincra peut-être du fait que Los Angeles n'est pas la seule « ville des anges ».*

*Located in the city's commercial centre, the Mary Queen of the World Cathedral (opposite) is a small-scale replica of St. Peter's Basilica in Rome, complete with a gilded neobaroque baldachin overlooking the altar inside. A cursory glance at some of Montreal's other architectural details might lead one to conclude that Los Angeles is not the only City of Angels.*

▲ © ROBIN EDGAR

▲ © LADISLAS KADYSZEWSKI

© MICHAEL EVANS / THE IMAGE FINDERS

© RAY F. HILLSTROM / HILLSTROM STOCK

*Depuis presque toujours, deux cultures dominantes, une française, l'autre anglo-saxonne, vivent en parallèle à Montréal. Dans les parcs et les espaces verts, des ouvrages de sculpture leur rendent hommage. Sur la Place d'Armes, la statue de Paul de Chomedey (à gauche) qui a conduit un groupe de pionniers français dans la région en 1642 et fondé Ville-Marie, le premier établissement permanent. Au carré Dorchester, le monument commémoratif (à droite) rend hommage aux cavaliers qui ont combattu durant la guerre menée par les Boers contre la suzeraineté britannique de 1899 à 1902.*

*Throughout most of its history, Montreal has accommodated two dominant cultures —the French and the Anglo-Saxon—both of which are celebrated in the city's parks and green spaces. A statue in Place d'Armes (left) honours Paul de Chomedey, who led a group of French colonists to the area in 1642 and founded the first permanent settlement, Ville-Marie. In Dorchester Square, the Boer War Memorial (right) honours the soldiers who fought on horseback in the 1899-1902 war between Great Britain and the Boers of South Africa.*

© ROBIN EDGAR

© SEAN O'NEILL

*À la sortie de la station de métro Victoria, au coeur du district financier de Montréal, l'effigie de la reine Victoria d'Angleterre, la tête haute. À la place Victoria, au centre-ville, pas de statue, mais quelqu'un figé dans une attitude d'abandon sous les chauds rayons du soleil.*

*A likeness of Queen Victoria of England stands tall outside the Victoria Square metro station in the heart of Montreal's financial district. At downtown's Place Victoria, however, the only one striking a pose is a local sunbather lying low in a scenic spot.*

© BENOIT CHALIFOUR

*La remarquable tour de la Banque nationale de Paris (à gauche), le colossal Centre de commerce mondial de Montréal (à droite) et la sculpture surréelle de deux hommes trimballant une mallette sont autant d'indices de la réputation dont jouit Montréal, celle d'un carrefour international des affaires, du commerce et de la haute technologie.*

*From the striking black tower of the Banque Nationale de Paris (left) to Montreal's massive World Trade Center (right) to a surreal depiction of two briefcase-toting workers (opposite), all signs point to Montreal's position as an international hub for trade, commerce, and high technology.*

Colpron
Colpron
8h -
LUN.

▼ © LADISLAS KADYSZEWSKI ▲ © MARIE-LOUISE DERUAZ

*Au confluent de l 'Outaouais et du Saint-Laurent, l'île de Montréal s'étire sur près de 49 kilomètres (31 milles). Sur une plus petite échelle, la compagnie de Paul Gallant établie à Montréal, Wrebbit Inc., se spécialise dans la fabrication de casse-tête à trois dimensions étonnamment détaillés représentant entre autres merveilles la tour Eiffel.*

*At its longest point, the island of Montreal extends for roughly 49 kilometres (31 miles) and marks the point of convergence of the Ottawa and St. Lawrence rivers. On a smaller scale, Paul Gallant's Montreal-based Wrebbit Inc. specializes in amazingly detailed 3-D puzzles of such structural marvels as the Eiffel Tower.*

*Construite en 1922 en hommage aux marins disparus en mer durant Première Guerre mondiale, la Tour de l'Horloge fait profession de sentinelle dans le Vieux-Port. Le gardien des lieux doit grimper 192 marches pour régler son tic-tac.*

*Built in 1922 in honour of sailors lost at sea during World War I, the 192-step Clock Tower stands sentinel over the Old Port. Attention from the landmark's technical caretakers has kept the historic timepiece ticking.*

◄ © BENOIT CHALIFOUR

*Qu'ils oeuvrent dans le secteur de la construction industrielle ou des beaux-arts, les Montréalais n'ont de cesse d'embellir leur milieu. Le peintre Nathalie Cloutier (ci-dessus) fait partie de la relève des artistes montréalais.*

*Whether working in the field of industrial construction or creating fine art, Montrealers have a long history of enhancing their surroundings. Painter Nathalie Cloutier (above) is among the city's up-and-coming young artists.*

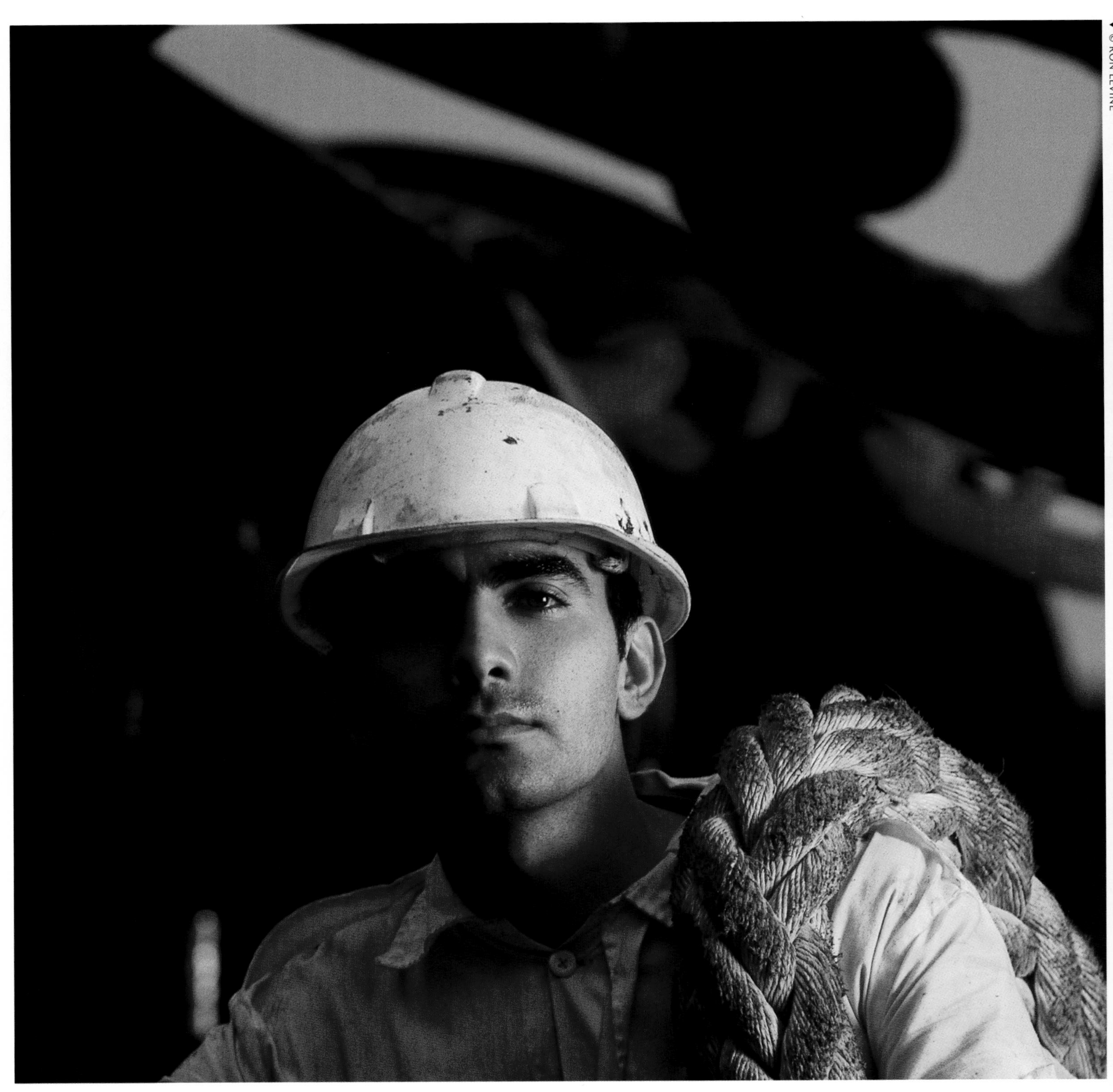

© RON LEVINE

© RON LEVINE

*Énergie et matière grise. L'industrie du transport est à l'économie de cette ville portuaire ce que l'eau est au moulin (ci-contre). Bernard Arcand (ci-dessus), anthropologue et auteur francophone investit pour sa part dans le capital intellectuel de Montréal.*

*From brawn to brains: The shipping industry has long been a mainstay of this port city's economy (opposite), while Francophone anthropologist/author Bernard Arcand (above) has bolstered Montreal's intellectual reputation.*

© RON LEVINE

*Leonard Cohen, exceptionnel poète et chansonnier montréalais, a grandi à Westmount et fréquenté l'Université McGill. Son oeuvre énigmatique et sombre s'est mérité les éloges de la critique et a influencé d'innombrables chansonniers.*

*Leonard Cohen, Montreal poet and singer/songwriter extraordinaire, grew up in Westmount and attended McGill University. His dark, brooding work has drawn massive critical acclaim and has influenced countless songwriters.*

*La scène culturelle montréalaise ne serait pas la même sans Gildor Roy, sans sa prestation dans des films salués par la critique, dont* Caboose*, et ses enregistrements de ballades western.*

*Multitalented Montrealer Gildor Roy has made a mark on the city's cultural scene through his country-and-western recordings and roles in such acclaimed films as* Caboose.

*Le visage de la journaliste Anne-Marie Dussault est bien connu des téléspectateurs francophones au Québec. Suffit de compter les journaux, les stations de télévision et de radiodiffusion à Montréal pour conclure que les gens d'expression française et anglaise sont choyés et que la ville est un véritable bouillon médiatique.*

*Journalist Anne-Marie Dussault is just one of French Quebec's popular television personalities. With dozens of local newspapers and radio and television stations catering to both French- and English-speaking populations, Montreal is among the liveliest and most diversified media centres in Canada.*

*Un Dr Frankenstein en herbe? Pas tout à fait. Copropriétaire de Mad Science, Eric Kimmel initie les enfants aux merveilles de la science. Fondée en 1993, la compagnie compte aujourd'hui plus de 50 franchises à travers le monde.*

*A budding Dr. Frankenstein? Not quite. As co-owner of Mad Science of Montreal, Eric Kimmel helps open children's eyes to the wonders of science. Since it started business in 1993, the company has spread to more than 50 franchises throughout the world.*

*Ça bouge, ça remue, ça frétille à l'Insectarium de Montréal. Plus de 250 000 spécimens, dont plusieurs bien en vie, attendent les visiteurs de ce musée des plus inusités de la ville et dont Georges Brossard a eu l'idée en 1990.*

*Montreal's Insectarium, one of the most unusual museums in the city, is an educational bastion of all things buggy. More than 250,000 specimens—many of which are alive—are on display at the museum, founded in 1990 by Georges Brossard.*

© PATRICE HALLEY

*Le sud de la Californie n'a certes pas le monopole du spiritualisme nouvel âge. Annik Labrosse, vice-présidente de Neurozone, le Gym cérébral, rue St-Denis, vous propose le vide sensoriel dans des cocons douillets ou le dernier né dans la catégorie stimulation d'ondes cérébrales et relaxation.*

*New Age spiritualism isn't limited to Southern California. Annik Labrosse, Vice President of Neurozone, le Gym Cérébral, encourages customers of her St. Denis Street store to unwind in sensory-deprivation tanks or purchase the latest hardware to stimulate brain-wave patterns and induce relaxation.*

*Les pompiers et le climat en dents de scie de Montréal vivent une rare symbiose. Ils peuvent aussi bien se retrouver dans le Verdun banlieusard l'été, comme sur la rue St-Denis, à fouiller les débris glacés au pic et à la pioche.*

*Few understand Montreal's climate of extremes better than its firefighters, who can find themselves battling a summer blaze in the suburb of Verdun or poking around in the icy debris of a fire on St. Denis Street.*

◄ © ROBIN EDGAR

◄ © PHIL NORTON

© BERNARD BRAULT

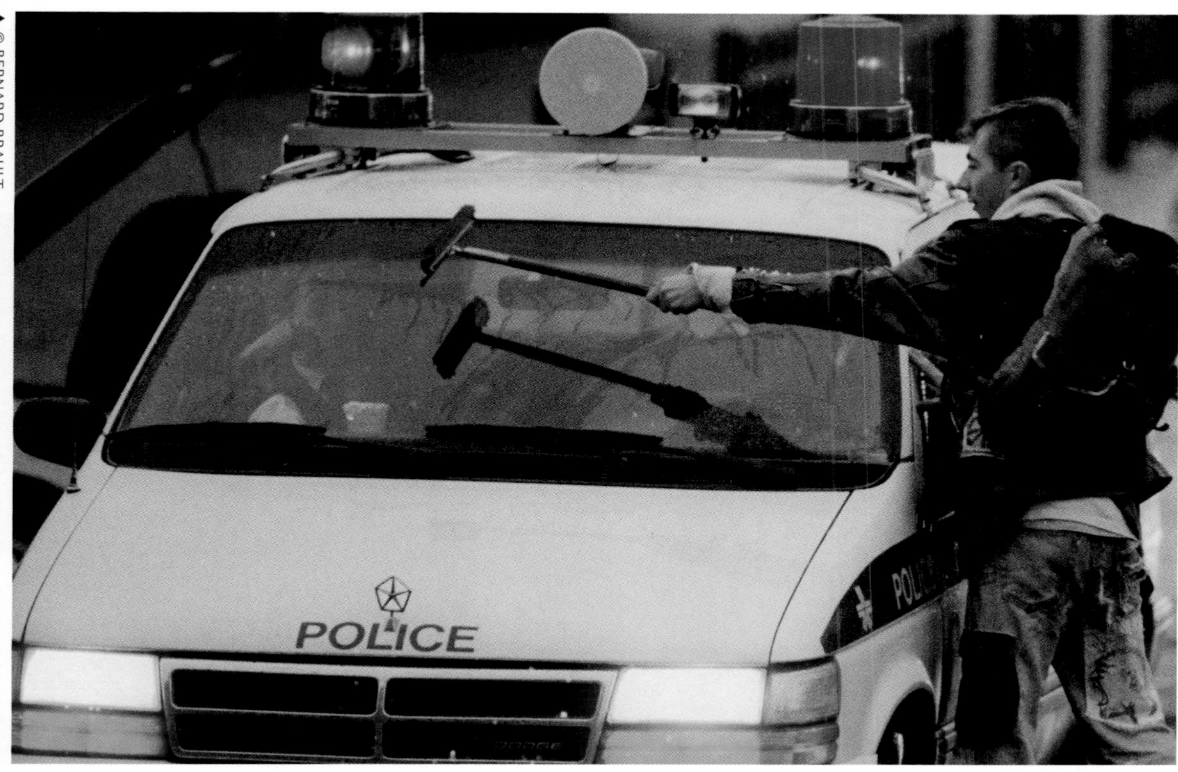

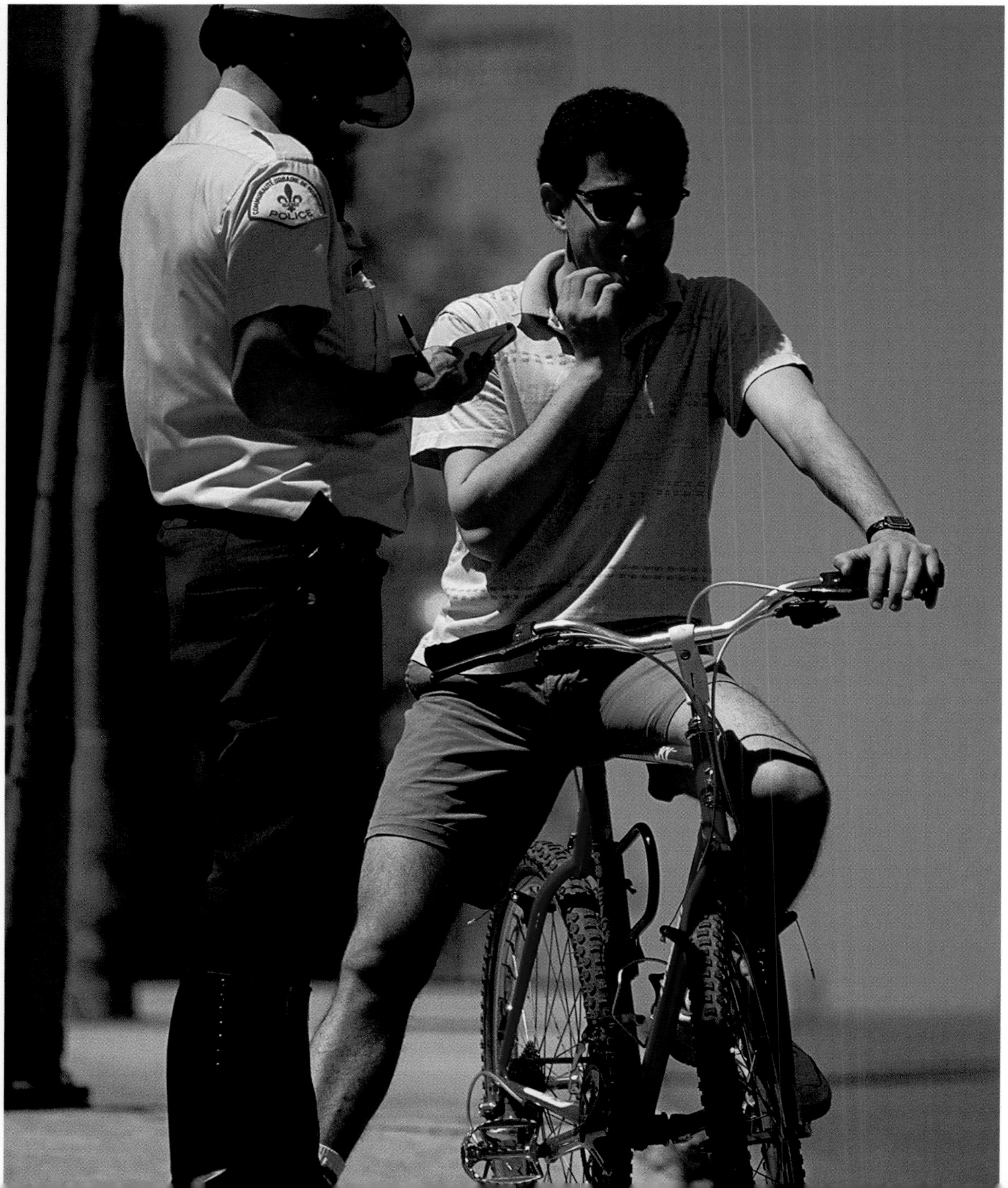


© ROBIN EDGAR

*Les policiers de Montréal font tout pour nettoyer les rues de la ville. Entre les contraventions et les patrouilles, ils ont le souci de garder leur véhicule propre comme un sou neuf.*

*Law and order: Whether they're writing traffic tickets or keeping their vehicles spick-and-span, Montreal police do their part to clean up the city's streets.*

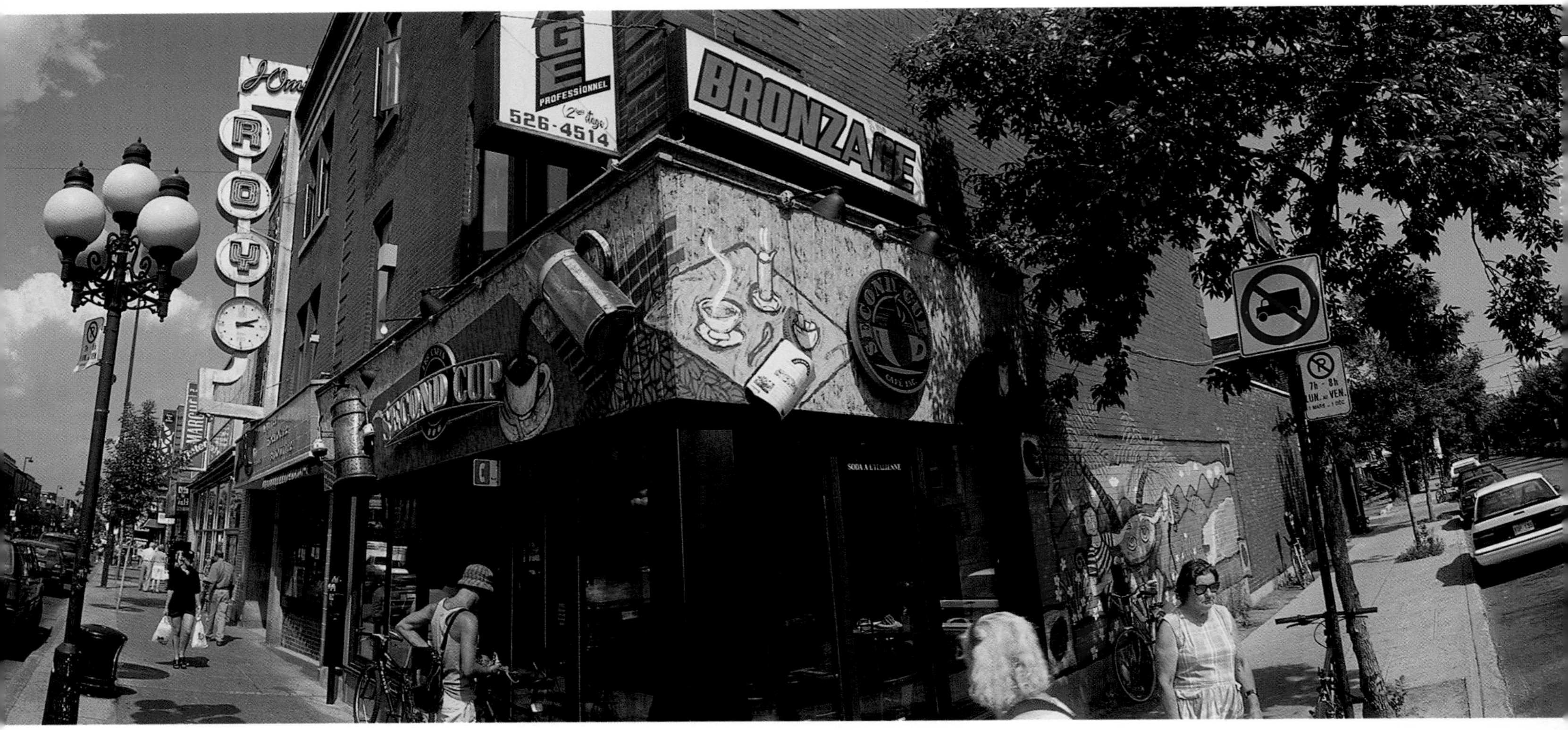
ROY
PROFESSIONNEL
526-4514
BRONZAGE
SECOND CUP

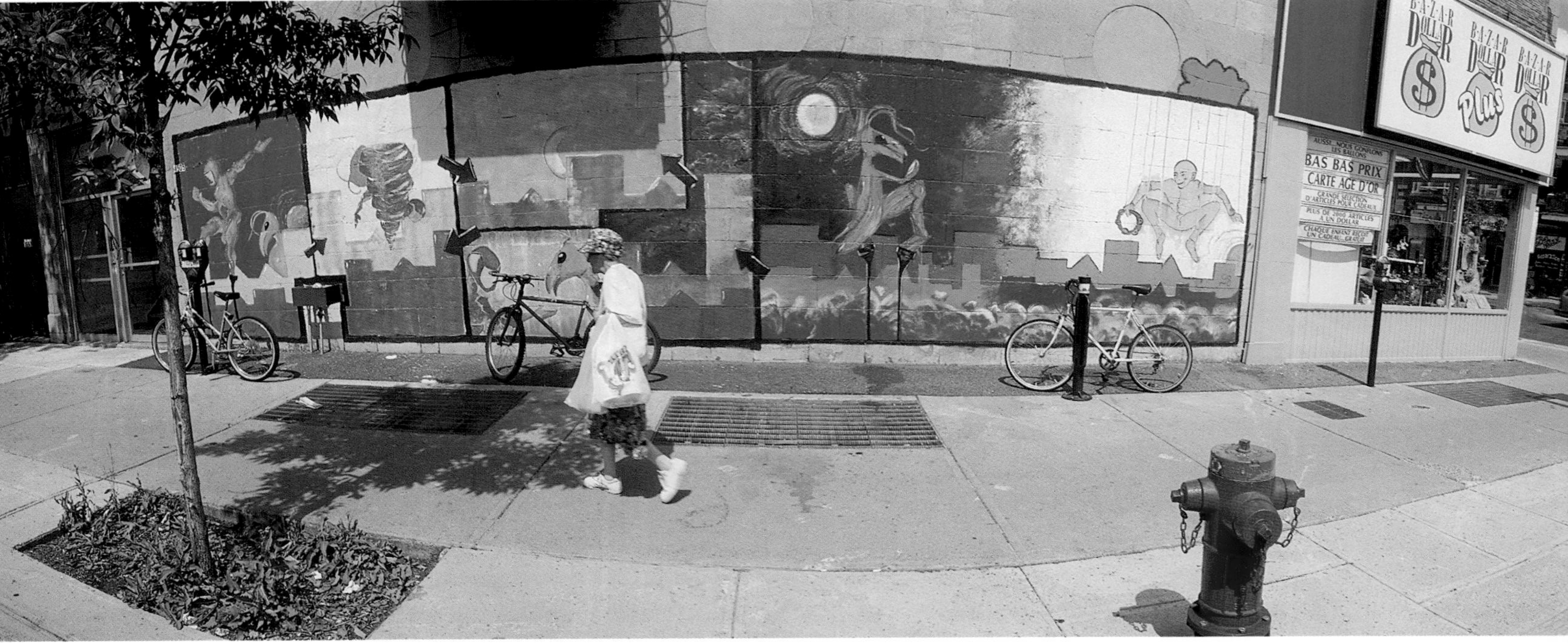

B·A·Z·A·R DOLLAR
Plus
BAS BAS PRIX
CARTE AGE D'OR

◆ © RON LEVINE

*Officieusement, New York est la reine des graffiti. Mais ne levons pas le nez sur les muralistes montréalais, dont l'illustre Zilon, qui donnent de bien convaincantes lettres de noblesse au médium de l'art d'intervention.*

*New York City may be the unofficial capital of graffiti, but Montreal's quasi-muralists, including such street-wise standouts as the infamous Zilon, bring a vibrance and colourful flair to the guerrilla-art medium.*

*Entre Paris et Montréal, la haute couture s'est frayée un chemin. Les designers les plus haut cotés au Canada ont pignon sur rue. Les vitrines de Joseph Ponton Inc., costumier du Vieux-Montréal, offrent au regard des passants, depuis 1865, des toilettes d'ornements toutes parées. En comparaison, Lyse Spenard, qui porte à ravir le titre d'étoile montante parmi les jeunes designers de la ville, a une touche plus moderne.*

*Following in Paris' footsteps as a centre for haute couture, Montreal is home to some of Canada's best-known designers. Joseph Ponton, Inc., a local costume shop in Old Montreal, has kept its display window filled with ornate gowns since it was founded in 1865. Preferring a more contemporary approach, Lyse Spenard has garnered acclaim as one of the city's most respected young designers.*

◆ © BUD LEE / THE ARTISTS AND WRITERS GROUP

▲ © LADISLAS KADYSZEWSKI

*Qu'ils fassent leurs courses ou qu'ils se promènent, les Montréalais ont ce je-ne-sais-quoi de « décontracté ». Leur imagination côté confort n'arrive pas à la cheville des élucubrations des concepteurs des vitrines rencontrées en chemin.*

*The shoppers and pedestrians who comb Montreal's streets have the fashion market cornered when it comes to comfort. But their sandals and slacks don't hold a candle to the cutting-edge designs displayed in the windows along the way.*

© LADISLAS KADYSZEWSKI

*L'omniprésence de l'arche dorée et d'autres vedettes du fast-food nous rappellent que l'héritage français, le cachet de l'ancien monde et la sophistication urbaine continuent de s'épanouir au milieu d'un paysage culturel divers.*

*Those ubiquitous golden arches and other familiar fast-food signage serve as a reminder that Montreal's French heritage, old-world ambience, and urban sophistication continue to thrive amid a diversified cultural landscape.*

*Montréal, de par le monde, a la réputation de délecter tous les palais. Disons-le, pour ceux qui ne le savent pas, les gens ici ont un penchant pour « un steamé, une patate » au menu des vendeurs de saucisse-sandwich partout en ville.*

*Montreal is celebrated throughout the world for its excellent and varied cuisine. Less known to outsiders, however, is the local penchant for "un steamé, une patate," available at hot dog stands throughout the city.*

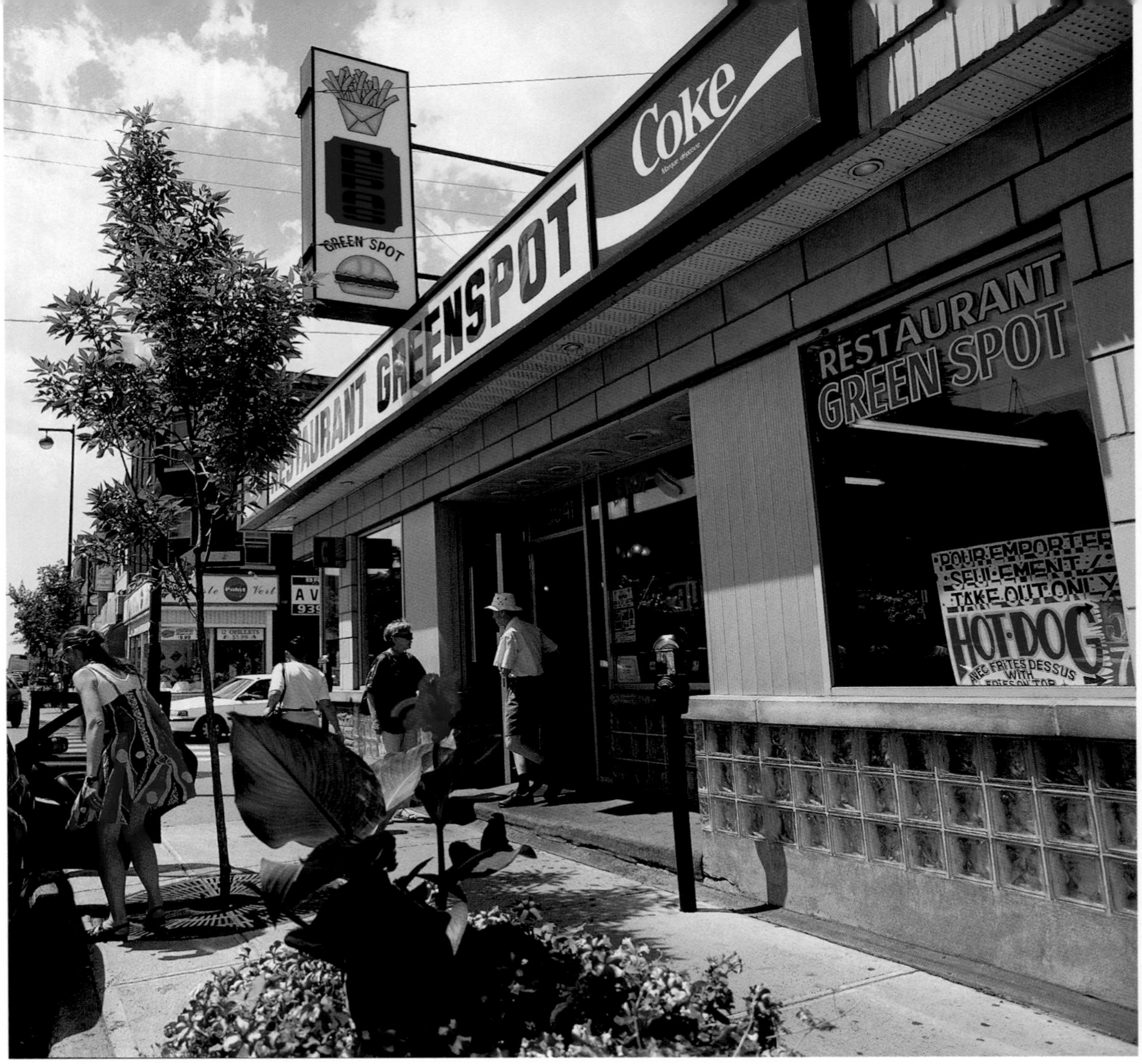


© LADISLAS KADYSZEWSKI

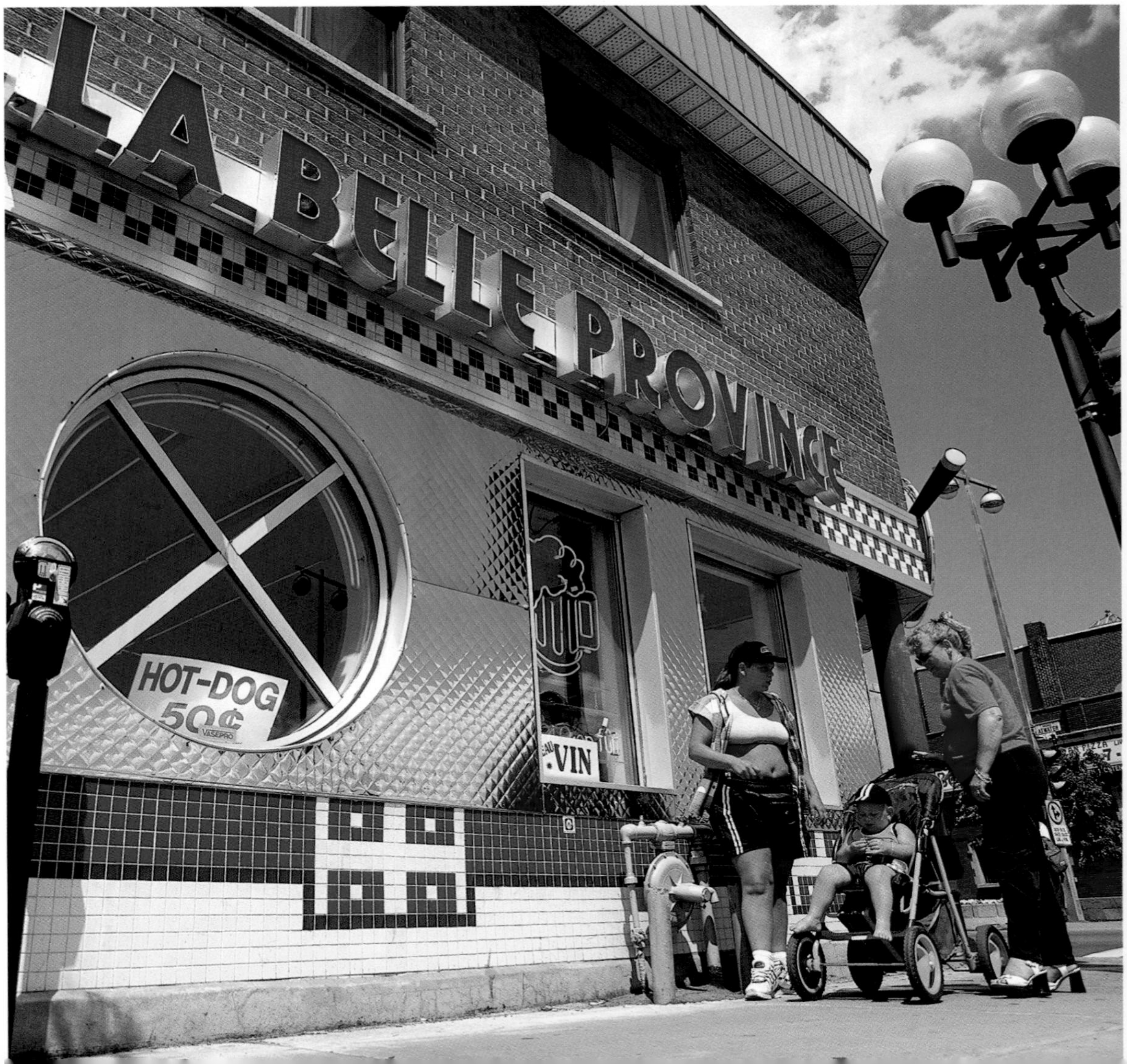

1308
RESTAU
EMILE BERTRAND
HOT-DOGS
BIÈRE
D'EPINETTE
de chez nous
SPÉCIAL!
HOT DOG 2.50
FRITES · SAUCE
HOT DOG 2.85
SMOKED MEAT
FRITES · SAUCE
SPECIAL!
2 HOT DOGS
3.99
SPECIAL!
1 HOT DOG
3.00
BURGER
4.75
HAMBURGER
4.50
HOT-DOG
Hamburger
PATATES FRITES
Bière d'épinette
Coke
BIERE
D'EPINETTE
MAISON

*L'été, l'art et la population se courtisent dans les rues du centre-ville. Le Pavillon Jean-Noël Desmarais, une annexe du Musée des beaux-arts de Montréal (ci-contre) réserve des moments exquis à ceux qui franchissent son seuil. Conçues par l'architecte Moshe Safdie, les nouvelles installations ont ouvert leurs portes en 1991, de l'autre côté du bâtiment principal, rue Sherbrooke.*

*In the downtown area, there's scarcely a street that doesn't buzz with artistic activity in the summer. Or you can take it inside to the Jean-Noël Desmarais Pavilion, an annex of the Montreal Museum of Fine Arts (opposite). Designed by architect Moshe Safdie, the newer facility opened in 1991 across from the main building on Sherbrooke Street.*

© ROBIN EDGAR

© ROBIN EDGAR

© ROBIN EDGAR

GiaCometti
Le plus grand sculpteur
du XXe siècle
DU 18 JUIN AU 18 OCTOBRE
1380

*Fondé en 1860, le Musée des beaux-arts de Montréal est l'ancêtre parmi ses semblables au Canada. Les amoureux de l'art, jeunes et moins jeunes, l'affectionnent pour les trésors tous genres confondus qu'il recèle, des œuvres entre autres d'Henri Cartier-Bresson, de George Segal et d'Adrien Hébert.*

*Founded in 1860, the Montreal Museum of Fine Arts is Canada's oldest such gallery, drawing art lovers of all ages to view the work of countless genre-spanning artists, including Henri Cartier-Bresson, George Segal, and Adrien Hébert.*

© MATHIEU LAMARRE

© MATHIEU LAMARRE

*Le Festival international de jazz de Montréal est le joyau des nombreux événements musicaux de l'été. Les icônes du jazz s'y sont littéralement tous produits depuis 20 ans, de Miles Davis à Wynton Marsalis. Deux semaines, chaque été, six rues du centre-ville sont fermées à la circulation et plus de 1,5 million de personnes s'y retrouvent pour savourer quelque 300 spectacles en plein air, et faire leur choix parmi les 100 spectacles payants à l'affiche notamment de la Place des Arts, temple des arts d'interprétation de la ville.*

*The Montreal International Jazz Festival is the crown jewel of the city's many summer music events. Since its inception 20 years ago, the two-week celebration has hosted virtually every jazz great, from Miles Davis to Wynton Marsalis. Each summer, more than 1.5 million people visit the six-block site, taking in some 300 outdoor shows and attending 100 ticketed events at such venues as Place des Arts, one of the city's premier performing-arts centres.*

© BENOÎT CHALIFOUR

▲ © ROGER LEMOYNE

*Outre de faire honneur à la réputation du festival de jazz qui porte le nom de leur ville chérie, les Montréalais profitent de l'occasion pour débrider leur enthousiasme deux semaines durant.*

*Beyond its reputation as one of music's most respected affairs, the city's namesake jazz festival offers Montrealers yet another excuse to blow it out for a couple of midsummer weeks.*

▼ © LINDA RUTENBERG ▲ © JEAN-FRANÇOIS BÉRUBÉ

*Charles Papasoff, au saxophone baryton, donne la réplique à la contrebasse, son partenaire, au Festival international de jazz de Montréal.*

*Baritone saxophonist Charles Papasoff faces off with his bass-playing accompanist at the Montreal International Jazz Festival.*

*Depuis des années, les pentes du mont Royal résonnent de sons tirés des tam-tams d'inspiration hindoue, un instrument qui fait fureur en ces lieux. Le rituel du dimanche après-midi est prisé des gens de la place comme des touristes.*

*For years, the slopes of Mount Royal have been the site for Sunday afternoon tam-tam concerts. The Hindu-derived instrument—similar to a traditional tom-tom—is wildly popular in these parts, and the percussion blowouts have become full-scale events, attracting large crowds of locals and tourists.*

*Ah, la jeunesse et ses plaisirs, aussi évidents que le nez au milieu du visage, que l'esprit énergisant la rue, les parcs et les terrains de jeux de la ville.*

*Ah, the joys of youth: They're as plain as the nose on your face—or umbrella, as the case might be—to the free spirits that energize Montreal's streets, parks, and playing fields.*

air transat

© ANDREW TAYLOR PHOTOGRAPHY

▲▼ © ANDREW TAYLOR PHOTOGRAPHY

▲▼ © ANDREW TAYLOR PHOTOGRAPHY

*Qui dit culture populaire au Québec, dit amuseurs publics. Peu étonnant que le Cirque du Soleil ait vu ici le jour. Depuis 1984, les comédiens, amuseurs et acrobates de la troupe éblouissent la terre entière dans des spectacles dont ils sont les seuls à posséder la formule.*

*Street performers have always been a central component of Quebec's popular culture, so it's no wonder the world-famous Cirque du Soleil was founded here. Since 1984, the group has toured the world with its unique blend of theatre, street performance, and circus arts.*

© MARIE-LOUISE DERUAZ

*Depuis sa création en 1980, l'Opéra de Montréal a monté plus de 95 productions, dont* La Traviata, Madama Butterfly *et* Carmina Burana. *Outre d'offrir des spectacles radiotélévisés partout au Canada, la compagnie primée s'exécute depuis près de 10 ans à la Place des Arts.*

*Since its establishment in 1980, the Opéra de Montréal has staged more than 95 productions, among them* La Traviata, Madama Butterfly, *and* Carmina Burana. *In addition to reaching a Canada-wide radio and television audience, the award-winning company has performed for nearly 10 years at Place des Arts.*

▲ © MARIE-LOUISE DERUAZ

▲ © RENÉ DE CARUFEL

▼▲ © RENÉ DE CARUFEL

*Protéger le patrimoine d'une ville n'est pas toujours de tout repos, Phyllis Lambert, héritière de la fortune de Seagram, vous le dira. En 1989, elle a sauvé la maison Shaughnessy des affres de la démolition et lui a réservé un avenir plus glorieux, celui du Centre canadien d'architecture. L'édifice abrite plans, dessins et photos d'époque, une véritable mine d'or. Entouré de sculptures inspirées des lieux, le Centre témoigne du possible mariage de l'ancien et du nouveau.*

*Sometimes preserving a city's heritage can be a struggle. Just ask Phyllis Lambert, an heir to the Seagram fortune. In 1989, she single-handedly rescued the historic Shaughnessy House from demolition and turned it into the Canadian Centre for Architecture (CCA), a treasure trove of historical blueprints, drawings, and photographs. The CCA grounds are graced with architecturally inspired sculpture, while the centre itself demonstrates how the old and the new can be harmoniously integrated.*

▼ © BENOIT CHALIFOUR

▲▼ © BENOIT CHALIFOUR

▼ © BENOIT CHALIFOUR

*Des étudiants de partout à travers le monde aspirent à l'admission à l'École des Hautes Études Commerciales de Montréal (HEC). Affiliée de l'Université de Montréal, le HEC offre une variété de programmes de deuxième cycle en gestion des affaires, et a formé quelques barons de l'économie québécoise et figures de proue de l'échiquier politique de la province.*

*Students from many corners of the world seek admission to the Ecole des Hautes Etudes Commerciales de Montréal (HEC). An affiliate of the Université de Montréal, HEC offers a variety of graduate programs in business administration and has seen some of Quebec's leading economic and political figures pass through its halls.*

© ROBIN EDGAR

*Le 11 novembre, les Canadiens gardent un moment de silence pour rendre hommage aux combattants des Première et Deuxième Guerres mondiales. D'ordinaire, le temps est morne et froid à cette époque de l'année, comme pour respecter les convenances, ce qui n'empêche pas des centaines de Montréalais de se réunir en cette occasion solennelle.*

*Every year on November 11, Canadians pause for a moment's silence to honour those soldiers who fought in World Wars I and II. Fittingly, Remembrance Day weather is usually cold and dreary, but that doesn't stop hundreds of Montrealers from gathering for the solemn observance.*

© CARLOS PINEDA

*Depuis une vingtaine d'années, les Québécois se demandent s'ils doivent se dissocier du reste du Canada et former un État indépendant. Le 24 juin est jour de fête nationale pour les Québécois. C'est la Saint-Jean-Baptiste. Les indépendantistes profitent de l'occasion pour clamer haut et fort leurs convictions et arborer la fleur de lis — l'emblème non officiel de la province.*

*For the past couple of decades, Quebecers have debated whether or not the province should break away from Canada and form an independent state. Every June 24, as locals celebrate the national holiday known as St. Jean Baptiste Day, those with* indépendantiste *leanings display their feelings passionately, with the fleur-de-lis—the province's unofficial symbol—prominently displayed.*

© MICHEL DUBREUIL

*Le soir, après le défilé de la Saint-Jean-Baptiste dans les rues de la ville, les joyeux convives se retrouvent dans le parc Maisonneuve et ailleurs sur l'île pour entendre un peu de musique et prendre un petit verre en bonne compagnie.*

*In the evening, after the St. Jean Baptiste parade has wound its way through the streets, revelers gather in Parc Maisonneuve and other areas across the island for a little music, a little wine, and a little company.*

2433
2435
Oui
et ça devient possible
NON

© LADISLAS KADYSZEWSKI

*Les tenants du oui et du non oublient souvent que le tissu social montréalais se compose non pas de deux, mais d'une pléiade de communautés. Depuis ses tout débuts pour ainsi dire, la ville est célébrée comme l'une des plus cosmopolites en Amérique du Nord. Les Caraïbes, l'Asie, l'Irlande, les pays hispanophones et le Brésil augmentent de leurs couleurs la riche culture montréalaise.*

*What the activists on both sides of Quebec's political debate often forget is just how many communities have become an integral part of Montreal. Indeed, throughout most of its history, the city has been one of the most cosmopolitan urban centres in North America, with active Caribbean, Asian, Irish, Hispanic, and Brazilian populations adding to Montreal's rich culture.*

© RON SIMON

*Depuis la fin du 19e siècle, la communauté chinoise, concentrée juste au nord du Vieux-Montréal, enrichit, et comment, la mosaïque culturelle de la ville. Malgré les signes d'essoufflement des dernières années, le quartier compte toujours autant de restaurants, d'épiceries spécialisées et de vendeurs d'à peu près tout. Vue des hauteurs du boulevard St-Laurent (ci-contre), la principale artère du quartier chinois est bien évocatrice.*

*Concentrated just north of Old Montreal, the city's Chinese community has been an important part of the cultural mosaic since the late 19th century. Although the area has declined in recent years, it's still packed with restaurants, specialty grocery stores, and vendors of every stripe. The skyline view from above St. Laurent Boulevard, Chinatown's central artery, isn't so bad, either (opposite).*

NOUVEAUTES MARIE-ANNE
976
COMMERCE
EN GROS

*La Nation mohawk a occupé un jour une bande de terre s'étirant depuis l'État de New York jusqu'au territoire de Kahnawake en bordure du fleuve St-Laurent, face à l'île de Montréal. La tribu organise un pow-wow annuel, une célébration de ses culture et patrimoine où musique, danses rituelles, arts et artisanat sont au rendez-vous.*

*Members of the Mohawk Nation once inhabited land stretching from New York State to the St. Lawrence River territory of Kahnawake, located across from the island of Montreal. Today, the tribe holds an annual powwow, a celebration of culture and heritage featuring music, ritual dancing, and an array of arts and crafts.*

SAQ
CLASSIQUE

◀ © ROBIN EDGAR ▲ © JEAN TERROUX

*Rue St-Denis, dans le quartier latin de la ville, piétons et motocyclistes intègrent la parade annuelle Divers/Cité fierté gaie. Des centaines de milliers de Montréalais — de toutes les croyances — ne manquent jamais les festivités.*

*Along St. Denis Street, in the city's Latin Quarter, marchers and bikers take part in the annual Divers/Cité Gay Pride Parade. Hundreds of thousands of Montrealers—of all persuasions—turn out for the festivities.*

▼ © ROGER LEMOYNE

*Chaque année, les membres du Lions Club International organisent une myriade d'événements-bénéfices et contribuent dans le même souffle des milliers de dollars à la caisse des organismes de bienfaisance montréalais. Durant l'été 1996, 18 000 délégués du Club ont convergé vers Montréal où s' est tenu leur 79ᵉ congrès.*

*Each year, local Lions Club International members host myriad fundraisers, contributing thousands of dollars to Montreal charities. In the summer of 1996, they also hosted the organization's 79th convention, bringing to the city upwards of 18,000 delegates from around the world.*

*À quelques pas seulement du centre-ville de Montréal se trouve Habitat '67, ce complexe d'habitations en copropriété signé Moshe Safdie. Bien qu'à l'époque de l'Expo '67, certains n'aient eu que du mépris pour cet ouvrage qu'ils qualifiaient de méli-mélo, le complexe campe aujourd'hui l'élégance rebelle.*

*Located barely a stone's throw away from downtown Montreal, architect Moshe Safdie's Habitat '67 condominium complex was built for Expo '67. Although it was met with scorn by some critics who saw it as a haphazardly arranged pile of building blocks, today it stands as a model of stubborn elegance.*

*Habitat '67 avait ceci de particulier qu'il était le tout premier grand ensemble d'habitation préfabriqué au monde, comme des grappes de cubes de béton entrelacés, une idée qu'a repris Moshe Safdie à Puerto Rico et dans son Israël natal.*

*The world's first-ever major prefabricated housing project, Moshe Safdie's design for Habitat '67 featured clusters of interlocking concrete cubes—an idea the Montreal-based architect would return to for works in Puerto Rico and his native Israel.*

© RENÉ DE CARUFEL

*Parce que les banlieues de Montréal ne débordent pas de l'île et qu'elles semblent se fondre l'une dans l'autre, la ville a évité le développement tentaculaire des autres métropoles modernes. En fait, quelques-uns des sites les plus prisés se trouvent toujours en plein cœur de l'île sinon tout près.*

*Because most of Montreal's suburbs are located on the island itself, with one community blending seamlessly into the next, the city has successfully avoided the urban sprawl that typifies most modern-day metropolises. In fact, some of the island's most sought-after addresses are still located in and around its core.*

▼ © ROBIN EDGAR ▲ © BOB BROOKS PHOTO

*Depuis son âme urbaine aux typiques escaliers en colimaçon du vieux Montréal, l'architecture de la ville a une facture bien à elle, respectueuse de ses nombreux quartiers.*

*From its urban centre to the distinctive wrought-iron stairways of old Montreal, the city's many architectural influences reflect the diversity of its neighbourhoods.*

▼ © BENOIT CHALIFOUR ▲ © JEAN TERROUX

*La saison de végétation au Québec est relativement courte, mais combien prolifique! Tout au long de l'été et au début de l'automne, les cultivateurs des régions environnantes viennent à la ville livrer le fruit de leurs récoltes, des paniers de pommes aux petits pots de miel. Les marchés bourdonnent alors d'activité, et c'est un festin pour les yeux comme l'estomac.*

*Quebec's growing season may be relatively short, but it's certainly intense. Throughout the summer and into the fall, farmers from the surrounding regions truck in their wares, from apples to honey. The city's markets teem with activity, making them as much a feast for the eyes as for the stomach.*

*Les splendides maisons historiques et les pittoresques rues de pavés ronds du Vieux-Montréal, ses bistros, restaurants, boutiques et musées, bien sûr les calèches tirées par des chevaux sont autant d'attraits pour les gens de la place et les touristes.*

*Beautiful historic houses and quaint cobblestone streets characterize Old Montreal, where many of the original buildings have been preserved and restored. Its bistros, restaurants, boutiques, museums, and horse-drawn carriage tours attract both locals and out-of-towners.*

▼ © ROBERT FRIED / ROBERT FRIED PHOTOGRAPHY

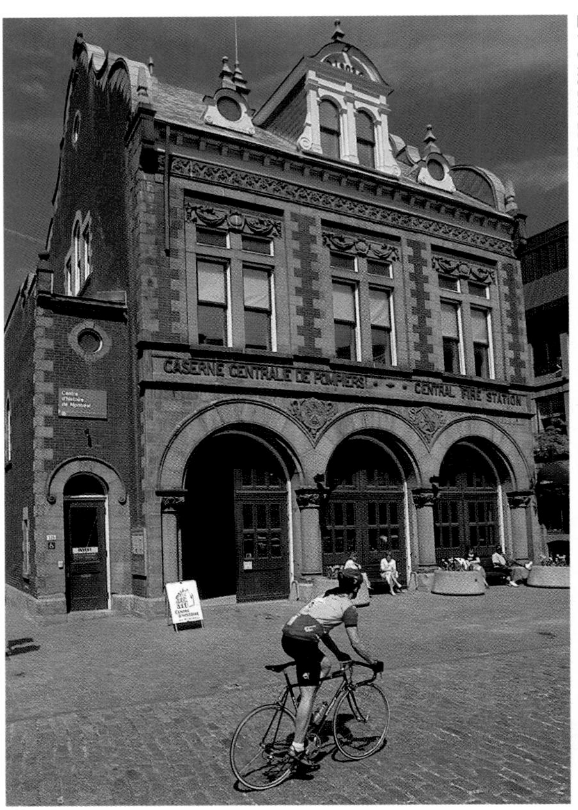


▲▼ © ROBIN EDGAR

LE DÎNER
farfelu

*La place Jacques-Cartier du Vieux-Montréal déserte ? Du jamais vu. On devine que l'endroit tient son nom du grand explorateur français qui, au 16e siècle, a établi les droits de la France sur le territoire devenu le Canada.*

*There's always something going on in Old Montreal's Place Jacques-Cartier. The square is named after the French adventurer whose 16th-century explorations established France's early claims on the territory that is today's Canada.*

© PERRY MASTROVITO / INTERNATIONAL STOCK

*L'élégante façade de l'hôtel de ville de Montréal donne sur la place Jacques-Cartier. Lors d'une visite en 1967, le président français Charles de Gaulle avait électrisé la foule réunie sous les balcons en scandant les mots « Vive le Québec libre! ». Le slogan avait enragé les fédéralistes d'alors, mais galvanisé les esprits indépendantistes de la province.*

*Montreal's hôtel de ville, or city hall, presents an elegant façade that overlooks Place Jacques-Cartier. During a visit to the city in 1967, French President Charles de Gaulle electrified the assembled crowd by shouting out from the balcony, "Vive le Québec libre!" ("Long live a free Quebec!"). The slogan enraged federalist politicians of the day and galvanized the province's separatist movement.*

◆ © LADISLAS KADYSZEWSKI

*Ces dernières années, le front d'eau ceinturant le Vieux-Montréal et le Vieux-Port a été sauvé de l'abandon. C'est aujourd'hui l'un des parcs les plus trépidants de la ville.*

*In recent years, the waterfront around Old Montreal and the Old Port has been rescued from dereliction and transformed into one of the most vibrant parks in the city.*

*Le dôme en argent poli du Marché Bonsecours a tout d'un phare, aperçu depuis le Vieux-Port, en contrebas. La structure néoclassique construite au milieu des années 1800 a assumé les fonctions d'hôtel de ville jusqu'en 1878, puis celles de marché public jusqu'en 1959. Après trois restaurations étalonnées sur autant de décennies, Bonsecours a retrouvé sa vocation de marché public à laquelle s'est greffé un mandat culturel.*

*The polished silver dome of Marché Bonsecours marks the historical centre of Old Montreal. Overlooking the Old Port, the neo-classic structure was built in the mid-1800s, housed city hall until 1878, and then served as a public market up to 1959. Following three restorations in as many decades, Bonsecours is once again a public market, featuring an exhibition hall that hosts numerous cultural events.*

© BENOIT CHALIFOUR

© BENOIT CHALIFOUR

*Du haut de la pente, Notre-Dame-de-Bonsecours domine le Vieux-Port. Construite en 1657 pour servir de chapelle aux marins, la structure a été restaurée plusieurs fois, entre autres au 19e siècle. La fortification en pierres ajoutée à l'époque demeure à ce jour. Une saisissante statue de la Vierge Marie, les bras ouverts, couronne la petite église dont la fresque de la coupole, peinte par François-Édouard Meloche à la fin des années 1800, représente un tableau de la vie de la Sainte Femme.*

*Just up the hill from the Old Port is Notre-Dame-de-Bonsecours. Built in 1657 as a sailors' chapel, the structure has undergone several remodelings, including the 19th-century stone fortification that provided its current façade. A striking statue of the Virgin Mary—arms outstretched—is perched atop the tiny church, while several scenes from her life are depicted on its ceiling in a late-1800s fresco by Francois-Edouard Meloche.*

© ROBIN EDGAR

*Grâce à la restauration du Vieux-Port, les gros navires commerciaux et les paquebots de croisière jouent des coudes avec les bateaux-mouches, ces inconditionnels des voies navigables de la région depuis le 18ᵉ siècle.*

*Thanks to a rejuvenation of Montreal's Old Port, large commercial shipping vessels and modern cruise ships today vie for space with the much smaller* bateaux-mouche, *which have been a regular sight on local waterways since the 18th century.*

Hapag-Lloyd
CAST
Racine

▼ © RON LEVINE ▲ © McFARLANE

*On comprend qu'avec la proximité de centres industriels et de distribution comme Toronto, Boston, New York et Chicago, le Port de Montréal soit l'un des plus actifs au monde. En dix ans seulement, quelque 20 millions de tonnes de fret y ont été acheminées. Les installations portuaires produisent un revenu annuel de 1,2 milliard $ et plus de 14 000 emplois directs ou indirects.*

*Because of its close proximity to such industrial and distribution centres as Toronto, Boston, New York City, and Chicago, the Port of Montreal is one of the busiest in the world. Having moved some 20 million tonnes of cargo in the last decade alone, the facility today generates annual revenues of $1.2 billion and more than 14,000 direct or related jobs.*

*Un chapelet de sociétés nautiques et de marinas longe les voies navigables autour de Montréal, dont la populaire marina de Sainte-Anne-de-Bellevue, à l'extrémité ouest de l'île, au confluent de l'Outaouais et du Saint-Laurent.*

*More than a dozen yacht clubs and marinas dot the waterways around Montreal, including this popular one at Sainte Anne-de-Bellevue, located on the island's western tip where the St. Lawrence and Ottawa rivers converge.*

Marie Antoine

*Du printemps à l'automne, les rapides de Lachine sur le Saint-Laurent sont pris d'assaut par les mordus de plein air pour qui les descentes en eaux vives et le canot à réaction procurent un rush d'adrénaline.*

*Water, water everywhere: From spring to autumn, the Lachine Rapids on the St. Lawrence River become awash with outdoor enthusiasts hungry for the adrenalin rush of rafting and jet boating.*

*Aux grands maux les grands remèdes vous diront les Montréalais qui font du ski acrobatique et des courses en canot sur l'eau glacée pour composer avec le long hiver qui ensevelit la ville sous un tapis de neige et la transforme en palais de givre.*

*Freestyle skiing and iceboat racing are among the many ways Montrealers cope with the five months of winter that turn the city into a snowy, frozen wonderland.*

▲ © ROBIN EDGAR

*Rien ne sert de nager à contre-courant. Les hivers sont longs à Montréal, autant en profiter. Chaque année, on célèbre la Fête des Neiges. Les Montréalais en profitent pour glisser sur les pentes de l'île Sainte-Hélène, toute menue dans le vaste Saint-Laurent, ou savourer les hauts et les bas de la descente en toboggan dans le parc du mont Royal.*

*If you can't beat it, enjoy it: Every winter, the city celebrates the Fête des Neiges—literally, the Snow Festival. With the skyline looming, Montrealers cruise the ice slides on Ile St. Hélène, a tiny island in the middle of the St. Lawrence River, or experience the thrills and spills of sledding in Mount Royal Park.*

▲ © ROBIN EDGAR

▲ © PHIL NORTON

*À la Fête des Neiges, les courses d'attelages de chiens rivalisent de popularité avec les compétitions de luge la nuit, qui ont de quoi donner froid dans le dos. Eh oui, le cliché n'est pas faux, les Québécois viennent au monde chaussés pour ainsi dire de leurs patins.*

*Although the dogsled races are a central attraction at the Fête des Neiges, the night-sledding competition possesses a chilly magnificence all its own. And yes, the cliché is essentially true: Quebecers are practically born with ice skates on their feet.*

*Les Montréalais vouent au hockey un amour qui frôle le fanatisme religieux, peu surprenant puisque le sport a été inventé ici à la fin des années 1880. Les Canadiens de Montréal, qui entourent le réputé coureur automobile Jacques Villeneuve, sont l'une des dynasties du hockey professionnel qui a fait couler le plus d'encre —24 fois vainqueurs de la Coupe Stanley sous la direction de Maurice « The Rocket » Richard et de Toe Blake (en haut, de g.à d.), deux étoiles du Temple de la renommée. Un musée raconte l'époustouflante carrière de Richard avec les Canadiens — 18 ans dont 8 Coupes Stanley (ci-contre).*

*Montrealers embrace ice hockey with a near-religious fanaticism, which is no surprise since the sport was invented here back in the late 1880s. Posing with famed race car drive Jacques Villeneuve is one of professional hockey's most storied dynasties—the Montreal Canadiens, winners of 24 Stanley Cups under the leadership of such Hall of Famers as Maurice "The Rocket" Richard and Toe Blake (top, from left). Richard's amazing 18-year career with the team —which includes eight Stanley Cup victories—is today feted at his name-sake museum (opposite).*

200
45

*Chaque été, le bruit tonitruant des moteurs de formules 1 emplit l'air de l'Île Notre-Dame. La piste a été rebaptisée en 1982 et porte depuis le nom de Circuit Gilles Villeneuve en l'honneur du pilote québécois de formule 1 (père de Jacques Villeneuve, lui-même coureur automobile) qui a perdu la vie lors d'une course de qualification en vue d'un Grand Prix.*

*Every summer, Ile Notre-Dame comes alive with the thundering roar of Formula I engines at the Circuit Gilles Villeneuve. The track was renamed in 1982 for the Quebec-born Formula I driver (and father of current racer Jacques Villeneuve) who lost his life in a Grand Prix qualifying accident.*

▲▼ © BENOIT CHALIFOUR

▼ © MATHIEU LAMARRE

© ROBIN EDGAR

*Les pistes cyclables exécutent un savant chassé-croisé sur l'Île de Montréal et s'étendent sur plus de 330 kilomètres.*

*Montreal is laced with a network of bicycle paths, with more than 330 kilometres of them winding across the island.*

▼ © ROBIN EDGAR ▲ © LÉOPOLD BRUNET

*En 1976, Montréal fut l'hôte de Jeux olympiques d'été. Lui restent des symboles de ce grand moment, dont le controversé Stade olympique dans l'est de la ville. Tantôt louangé pour sa grandeur architecturale, tantôt boudé pour son coût faramineux — un milliard $ au bas mot — le Stade est devenu le foyer de nombreuses équipes professionnelles de la ville et fournit une toile de fond exceptionnelle au Tour de l'Île à bicyclette.*

*In 1976, Montreal welcomed the world as it hosted the Summer Olympic Games. The legacy of that milestone includes the controversial Olympic Stadium in the city's east end. Alternately celebrated for its architectural grandeur and reviled for its extraordinary price tag—$1 billion and counting—it has been home to many of the city's professional teams, and offers a striking backdrop for such events as the Tour de l'Ile bicycle race.*

© ALLEN McINNIS

*Le Stade olympique — où peuvent prendre place près de 70 000 personnes — est l'antre des Expos, l'équipe que Montréal compte dans la Ligue nationale de baseball. Les Expos ont recruté des frappeurs d'élite comme Al Oliver et Tim Raines, et des lanceurs vedettes comme Mark Langston et Dennis Martinez.*

*The massive Olympic Stadium—with a seating capacity close to 70,000—is home to the Expos, the city's National League baseball team. The Expos have included among their ranks National League batting champions Al Oliver and Tim Raines, and pitching greats Mark Langston and Dennis Martinez.*

▼ © ROBIN EDGAR

*Toute de terre rapportée, l'Île Notre-Dame a été construite pour l'Expo '67. Elle regorge d'installations créatives, dont un floriparc, des sentiers d'interprétation de l'histoire et de la nature et une plage très populaire. La piscine sur le toit de l'Hôtel de la Montagne — le profil d'horizon depuis là-haut vaut le détour — s'est comme on dit taillée une place au soleil.*

*Constructed entirely of landfill, Ile Notre-Dame was created for Expo '67. Today, it teems with recreational amenities, including a floral park, historical and ecological paths, and a popular beach that offers plenty of summertime diversions. The pool at the Hotel de la Montagne—complete with a rooftop view of the skyline—also has its place in the Montreal sun.*

*L'étonnant dôme géodésique qui abritait le Pavillon des États-Unis durant l'Expo de 1967 est l'oeuvre du célèbre inventeur, architecte et libre-penseur Buckminster Fuller. La structure abrite aujourd'hui la Biosphère, un centre d'apprentissage où sont simulés les écosystèmes des Grands Lacs et du Saint-Laurent.*

*Celebrated inventor, architect, and free thinker Buckminster Fuller designed Montreal's visually arresting geodesic dome to house the American Pavilion at Expo '67. Fuller's creation today is home to the Biosphere, a learning centre that simulates the ecosystems of the Great Lakes and the St. Lawrence River.*

▲▼ © BENOIT CHALIFOUR

▲ © PATRICE HALLEY

*La Biosphère de Montréal (en haut à gauche) a peut-être inspiré d'autres raretés en ville, comme le casse-croûte kitsch Orange Julep (en bas à gauche), les sculptures chinoises du Jardin botanique de Montréal (en haut à droite) ou le décor d'halloween d'un immeuble à appartements dans l'est de la ville (en bas à droite).*

*Perhaps Montreal's Biosphere (top left) has inspired some of the city's other landmarks—the kitschy Orange Julep snack bar (bottom left); a display in the Chinese Garden at the Montreal Botanical Garden (top right); or the Halloween décor outside an east-end apartment building (bottom right).*

*Trente ans ont passé depuis l'Expo '67, mais son souvenir n'en reste pas moins vivant partout dans le Parc des Îles. Les gens de la région et les touristes affluent toujours vers le site, en partie parce que le Casino de Montréal a été aménagé dans l'ancien Pavillon de la France et que le Concours international des feux d'artifice Benson and Hedges se déroule depuis le parc d'attractions de La Ronde, construit lui aussi sur le site de l'Expo.*

*It's been more than 30 years since Montreal hosted the World's Fair, but Expo '67 has left many enduring landmarks throughout the Parc des Iles. Even today, locals and tourists flock to the site, thanks in part to the Casino de Montréal gambling mecca (opposite), housed in Expo's French Pavilion. La Ronde amusement park, also erected for the World's Fair, is the site of the wildly popular Benson and Hedges International Fireworks Competition.*

▲▼ © ERIC CLUSIAU

MOLSON

*La croix lumineuse du mont Royal, qui fait 30 mètres de haut, est visible à des kilomètres de distance. La structure en acier date de 1924 et succède à la croix de bois qu'avait érigée Maisonneuve, le fondateur de la ville, après que Montréal a failli être submergée par les eaux du Saint-Laurent, en 1643.*

*The shimmering, 30-metre-high steel cross atop Mount Royal is visible for miles, a clear delineation of Montreal's emotional centre. Erected in 1924, the cross is an homage to its wooden predecessor, raised in 1643 by city founder Maisonneuve after Montreal survived the threat of flooding from the St. Lawrence River.*

◄ © RAY F. HILLSTROM / HILLSTROM STOCK PHOTO, INC.

▲▼ © ROBIN EDGAR

*La rue Crescent, au centre-ville, a de tout pour tous les goûts. Pour les oiseaux de nuit, des bars sans prétention aux restaurants huppés en passant par les clubs de nuit et les discothèques. Le jour levé, antiquaires, bijoutiers de qualité et galeries d'art de la rue deviennent autant d'escales pour les passants.*

*Nighttime is always the right time on Crescent Street, a downtown strip where you can find everything from low-key bars and upscale eateries to nightclubs and discos. When the sun comes up, the fun continues as shoppers browse the street's collection of antique stores, fine jewelers, and art galleries.*

*Montréal n'échappe pas à l'influence rétro des États-Unis, son tout proche voisin. À preuve ce rutilant restaurant de la rue Saint-Denis.*

*The geographic reach of retro Americana extends all the way to Montreal, as proven by this shiny St. Denis Street diner.*

TD

*Le glissement des navires sur l'eau, le soir, et le romantisme dans les reflets des lumières de Montréal évoquent la riche histoire de la ville, sa moderne vitalité et son irrépressible joie de vivre.*

*As ships pass in the night, Montreal glistens romantically over the waterfront, a visual embodiment of the city's rich past, its contemporary vitality, and its irrepressible* joie de vivre.

© ROBIN EDGAR

# Profils d'excellence
# Profiles in Excellence

Un coup d'oeil sur les sociétés, les entreprises, les associations professionnelles et les organismes de services communautaires sans lesquels ce livre n'existerait pas. Les textes, présentés selon la chronologie de l'établissement de chacune de ces organisations à Montréal, tracent l'historique du milieu des affaires de la métropole.

Aon Parizeau — Aon Reed Stenhouse
Bourse de Montréal
Les Brasseries Molson
Canderel limitée
CFCF-12
CGI
La Chambre de commerce du Montréal métropolitain
Les Distilleries Corby Limitée
Ernst & Young
Grand Prix Air Canada
Le Groupe financier Norshield
Lavery, de Billy, avocats
Les Rôtisseries St-Hubert Ltée
Lévesque Beaubien Geoffrion
Le Marriott Château Champlain
Marriott Residence Inn-Montréal
Merck Frosst Canada inc.
Novartis Pharma Canada inc.
Pfizer Canada inc.
Quebecor inc.
Le Reine Elizabeth
Le Réseau TVA
Velan inc.
Via Route inc.

A look at the corporations, businesses, professional groups, and community service organizations that have made this book possible. Their stories—offering an informal chronicle of the local business community—are arranged according to the date they were established in Montreal.

Air Canada Grand Prix
Aon Parizeau—Aon Reed Stenhouse
Board of Trade of Metropolitan Montreal
Canderel Limited
CFCF-12
CGI
Corby Distilleries Limited
Ernst & Young
Lavery, de Billy, Barristers and Solicitors
Lévesque Beaubien Geoffrion
The Marriott Château Champlain
Merck Frosst Canada Inc.
Molson Breweries
Montreal Exchange
Norshield Financial Group
Novartis Pharmaceuticals Canada Inc.
Pfizer Canada Inc.
Quebecor Inc.
The Queen Elizabeth Hotel
Residence Inn by Marriott-Montreal
St-Hubert Bar-B-Q Ltd.
The TVA Network
Velan Inc.
Via Route Inc.

1786 Les Brasseries Molson / Molson Breweries

1822 La Chambre de commerce du Montréal métropolitain / Board of Trade of Metropolitan Montreal

1859 Les Distilleries Corby Limitée / Corby Distilleries Limited

1874 Bourse de Montréal / Montreal Exchange

1899 Merck Frosst Canada Inc.

1902 Lévesque Beaubien Geoffrion

1908 Aon Parizeau — Aon Reed Stenhouse

1913 Lavery, de Billy, avocats / Lavery, de Billy, Barristers and Solicitors

1922 Ernst & Young

1786
1959

1950 Velan inc. / Velan Inc.

1951 Les Rôtisseries St-Hubert Ltée / St-Hubert Bar-B-Q Ltd.

# Les Brasseries Molson
# Molson Breweries

Molson, la première brasserie en Amérique du Nord, aujourd'hui le plus important brasseur au Canada, a été associée de tout temps au développement et à l'image de Montréal. Et à l'instar des Canadiens de Montréal — l'équipe professionnelle de hockey que l'entreprise commandite depuis plus de 40 ans — quand Molson vise, elle atteint son but!

Établie à Montréal en 1786 par John Molson, la Brasserie est intimement liée au développement de la ville. À son arrivée au Canada, John Molson a été surpris de constater que si on consommait ici des vins européens, les Canadiens ne semblaient pas connaître la bière qu'il avait tant appréciée en Angleterre. Il a donc investi dans l'établissement d'une petite brasserie sur les rives du Saint-Laurent. Située juste à l'extérieur de la ville fortifiée d'alors, elle demeure le fier domicile de la Brasserie de réputation internationale qui, depuis, a subi maintes transformations et connu une expansion extraordinaire. Les descendants du fondateur sont encore aujourd'hui impliqués dans l'entreprise à titre de propriétaires des Compagnies Molson Limitée, qui détiennent 100 % des Brasseries Molson.

Molson produit et distribue au Canada environ 80 marques de bière différentes — un chiffre impressionnant — et près de la moitié de toute la bière consommée par les Québécois provient des Brasseries Molson.

Molson brews and distributes in Canada an impressive 80 brands of various beers, and nearly half of all ale sold in Quebec comes from Molson Breweries.

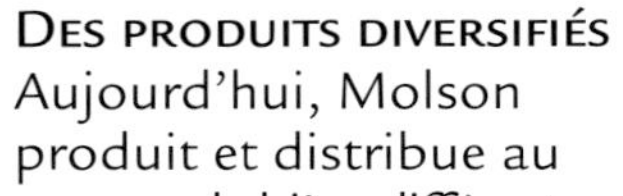

## Des produits diversifiés

Aujourd'hui, Molson produit et distribue au Canada environ 80 marques de bière différentes — un chiffre impressionnant — et près de la moitié de toute la bière consommée par les Québécois provient des Brasseries Molson. Par sa gamme variée de produits, l'entreprise s'enorgueillit de répondre aux goûts multiples des consommateurs. Alban Asselin, vice-président aux Affaires publiques, constate qu'au Québec, on est peu attiré par les bières légères très populaires aux États-Unis et dans le reste du Canada. « Les gens ne veulent pas faire de compromis sur le goût, » dit-il. Molson Export, la bière ale classique de l'entreprise, a été créée en 1903, et elle est encore aujourd'hui parmi les bières en tête de liste sur le marché. Quant à Molson Dry, la première *dry* au Canada et depuis la bière la plus populaire au Québec, elle a vu le jour en 1989.

Reconnaissant que les goûts varient d'un marché à l'autre, l'entreprise a mis au point des bières destinées aux différents marchés telles que Molson Ice, une *lager* réputée pour son goût sec et distribuée sur le marché américain, de même que Molson Golden et

Molson Breweries, the oldest brewery in North America and today the largest in Canada, was always associated with the growth and image of Montreal. And like the Montreal Canadiens—the city's professional hockey team, which the company has sponsored for over 40 years—when Molson aims, it scores.

Established in Montreal in 1786 by John Molson, the brewery has been intimately involved in the city's development. When Molson first arrived in Canada, he was astonished to find that although European wines were available, Canadians seemed unfamiliar with the beer he had enjoyed in England. So he invested in the establishment of a small brewery on the banks of the St. Lawrence River. Situated just outside what was then the fortressed city of Montreal, it remains the proud home of the world-famous brewery, though the facility itself has undergone a series of dramatic expansions and modernizations. Descendants of the founder also remain involved in the business as owners of The Molson Companies, a group that holds 100 percent of Molson Breweries.

## Diverse Product Offerings

Today, Molson brews and distributes in Canada an impressive 80 brands of various beers, and nearly half of all ale sold in Quebec comes from Molson Breweries. Across its product line, the company prides itself on responding to the multiple tastes of consumers. Alban Asselin, Molson's Vice President, Public Affairs, notes that Quebec residents have little interest in the light beers that are popular in the United States and the rest of Canada. "They don't want to compromise on taste," he says. Molson Export, the company's classic ale, was developed in 1903 and remains a dominant name in the market today among other beers. Molson Dry, Canada's first dry beer and now the most popular beer in Quebec, made its debut in 1989.

Recognizing that tastes differ from market to market, the company developed beers destined for every market. Molson Ice, a cold-filtered lager known for its dry taste and distributed in the American market, is one such beer. Molson Golden and Molson Canadian, both lagers sold in Canada and in the United States, are two other examples, with Molson Canadian being the number one beer in Canada.

Reacting to what Asselin terms "the fragmentation of Quebec's beer market," the company is also pursuing a focus on discount, premium, and high-alcohol-content beers. Discount brands include the Carling family of beers, as well as Milwaukee's Best, which is produced

Molson Canadian, deux *lagers*, vendues tant au Canada qu'aux États-Unis, Canadian étant de plus la bière numéro un au Canada.

Afin de s'adapter à ce que M. Asselin appelle « la fragmentation du marché québécois de la bière », l'entreprise a développé sa présence dans de nouveaux créneaux, soit les bières à prix populaire, les bières premium et les bières à forte teneur en alcool. Au nombre des marques à prix économique, on trouve la famille des bières Carling et Milwaukee's Best, produite par Molson pour Miller Brewing Company des États-Unis. Parmi les bières premium, on compte des produits importés comme Heineken, Corona et Rickard's Red, produite pour la Brasserie Capilano, tandis que les bières fortes en alcool comprennent Carling Extrême, Carling Extra Forte et Molson Hi Dry qui sont également offertes en format de 1,18 litre.

### Plus de 200 ans d'engagement social

Grand philanthrope, John Molson a joué un rôle de premier plan dans la fondation d'organismes aussi importants que l'Hôpital Général de Montréal, la Banque Molson, la première banque qui a éventuellement fusionné avec la Banque de Montréal, et le théâtre Port-Royal, premier théâtre de Montréal. Aujourd'hui, Les Brasseries Molson perpétuent l'engagement social de leur fondateur. Les nombreux dons octroyés chaque année par le Fonds de bienfaisance des Compagnies Molson de même que le très populaire programme ÉquipAction, sont des exemples marquants de cet engagement. De plus, par l'intermédiaire d'un programme intitulé Le Beat Molson Dry, la Brasserie commandite de nombreux spectacles de musique. C'est, entre autres, grâce au Beat Molson Dry que des artistes comme Elton John, Céline Dion et Bryan Adams ont présenté leur spectacle au Centre Molson.

La Brasserie commandite également le RockFest Molson Dry, festival rock annuel très couru à Montréal. Le RockFest Molson Dry est une série de concerts gratuits en plein air, présentée dans les rues du centre-ville de Montréal à l'occasion du Grand Prix de Formule 1. « Notre objectif principal avec le RockFest, est de faire connaître les jeunes musiciens québécois, » explique M. Asselin.

Tant dans la grande métropole qu'en régions, Les Brasseries Molson constituent le plus important commanditaire de nombreux festivals et événements sportifs du Québec, fidèles ainsi à la philosophie de l'entreprise et à son traditionnel engagement dans la vie de la collectivité.

by Molson Breweries for American-based Miller Brewing Company. Among Molson's premium lines of beers are imports like Heineken, Corona, and Rickard's Red, produced for Capilano Brewery, while high-alcohol-content beers include Carling Extreme, Carling Extra Forte, and Molson Hi Dry, offered in 1.18-litre bottles.

### More Than 200 Years of Community Involvement

An important philanthropist, John Molson was instrumental in founding such local landmarks as the Montreal General Hospital; the Molson Bank, which eventually merged with the Banque de Montréal; and the Théâtre Port-Royal, the city's first theatre. Today, Molson Breweries continues the founder's historic commitment to the community. The numerous donations made every year by The Molson Companies Donations Fund, as well as the very popular Local Heroes program, are outstanding examples of this involvement. Through a program called the Molson Dry Beat, the company sponsors a wide range of musical entertainment. Thanks to its efforts, performers such as Elton John, Bryan Adams, and Céline Dion have graced Montreal's Molson Centre.

The company also sponsors Montreal's annual Molson Dry RockFest, a series of immensely popular and free open-air concerts held in the streets of downtown Montreal during the Grand Prix Formula One auto race. "Our main goal with the RockFest is to showcase young Quebec musicians," says Asselin.

Both regionally and locally, Molson Breweries is the pre-eminent supporter of Quebec's many festivals and sporting events—a distinction in keeping with the company's business philosophy, as well as its long-held commitment to the community.

La Brasserie commandite également le RockFest Molson Dry, festival rock annuel très couru à Montréal. Le RockFest Molson Dry est une série de concerts gratuits en plein air, présentée dans les rues du centre-ville de Montréal à l'occasion du Grand Prix de Formule 1.

The company also sponsors Montreal's annual Molson Dry RockFest, a series of immensely popular and free open-air concerts held in the streets of downtown Montreal during the Grand Prix Formula One auto race.

▲ Canadian Press CP

© SEAN O'NEILL

## La Chambre de commerce du Montréal métropolitain
## Board of Trade of Metropolitan Montreal

Port d'attache de 7 000 dirigeants d'affaires qui représentent 500 000 emplois, la Chambre de commerce du Montréal metropolitain cultive un intérêt pour les dossiers chauds des affaires publiques, en digne porte-parole du secteur des affaires.

Depuis sa création en 1822, alors baptisée le Comité du commerce — que présidait Thomas Blackwood, un marchand de fourrures écossais — l'organisation s'acquitte du mandat dont elle a été investie, c'est-à-dire assurer la prospérité et le bien-être de la ville et de la région. À cette fin, la Chambre procure information et soutien à ses membres dans les domaines de l'exportation, du commerce international et des progrès technologiques. Sous les initiatives de la Chambre, ses missions et les nombreux partenariats qu'elle a conclus, se devine un effort sans cesse renouvelé pour informer la population et stimuler la croissance économique. La Chambre intervient aussi au premier plan pour ouvrir les voies de communication entre le gouvernement et le monde des affaires.

▸ Ville de Montréal

### Une voix, et bien davantage

Bien plus que le porte-parole de la communauté des gens d'affaires, l'organisation reprend souvent le flambeau qu'abandonnent les politiciens. La Chambre est un élément constitutif de l'actuelle stratégie économique déployée à Montréal. À preuve, ses interventions pour soutenir le développement des ressources humaines de la ville. Rappelant l'importance d'ouvrir tout grand les portes des secteurs scientifique et de la haute technologie aux nouveaux diplômés, la Chambre a su resserrer les liens entre les quatre universités et les employeurs de la ville.

En cette période où les régions courtisent assidûment les investisseurs, la Chambre se fait rigoureuse dans l'illustration des atouts uniques de Montréal comme place d'affaires. Pour donner plus de poids encore à ses arguments, elle a contribué à instaurer un climat fiscal on ne peut plus concurrentiel, pour la recherche et le développement. Elle a aussi contribué activement à la consolidation et au développement des infrastructures de transport et de communication à Montréal.

Sachant tirer le meilleur parti du bilinguisme et du multiculturalisme qui se côtoient de façon unique à Montréal, la Chambre de commerce du Montréal metropolitain contribue largement au développement de la ville de même qu'à son rayonnement international.

With a membership of 7,000 business leaders representing 500,000 jobs, the Board of Trade of Metropolitan Montreal involves itself in major public affairs issues as the authoritative voice of the commercial sector.

Since its inception in 1822 as the Committee of Trade—then chaired by Scottish fur merchant Thomas Blackwood—the organization has been mandated to enhance the prosperity and well-being of the city and region. Toward that end, the Board of Trade provides information and assistance to members in the areas of exports, international trade, and technological advancement. The Board of Trade's activities, mission, and numerous partnerships aim at being a driving force in furthering public education and stimulating economic growth. As well, the Board of Trade has taken a leading role in forging channels of communication between government and business.

### More Than a Voice

Much more than merely a voice for the business community, the organization often picks up where politicians leave off. The Board of Trade today forms a key component of economic strategy in Montreal. It has taken initiatives, for example, to support development of the city's human resources. Underlining the importance of a steady flow of graduates in scientific and high-tech sectors, it has promoted closer cooperation between the city's four universities and the workplace.

In this age of unrelenting competition between regions for investment, the Board of Trade's most significant contribution lies in its rigorous promotion of Montreal as an ideal place to do business. To accomplish this, it has helped create a highly competitive tax environment, particularly for research and development. In addition, it has taken concrete steps to consolidate and develop transportation and communications infrastructures in Montreal.

By capitalizing on the city's unique bilingual and multicultural character, the Board of Trade greatly contributes to Montreal's development and its image on the world stage.

Dans la région montréalaise, on dénombre plus de 300 sièges sociaux dont le chiffre d'affaires annuel dépasse 50 M$. De plus, dix des plus importantes entreprises privées que l'on retrouve dans *Financial Post 500* ont leur siège social à Montréal. L'année dernière, leur chiffre d'affaires total excédait 100 milliards $ (en haute).

The Montreal region has more than 300 head offices of companies with revenues of more than $50 million per year. Ten of the top private-sector firms listed in the *Financial Post 500* have their head offices in Montreal. Their total worldwide revenues last year exceeded $100 billion (top).

La métropole occupe le troisième rang comme ville d'aérospatiale (pour l'aviation civile), le huitème rang en Amérique du Nord pour l'importance du secteur biopharmaceutique et le premier rang au Canada comme ville de télécommunications et technologies de l'information. Dans ces grands secteurs, la métropole compte près de 50 % de la main-d'oeuvre et des établissements du Canada (en bas).

The metropolis ranks third in the world in aerospace (civil aviation), eighth in North America in the biopharmaceutical sector, and first in Canada in telecommunications and information technologies. In addition, Montreal houses 50 percent of all Canadian jobs and companies or institutions in these major sectors (bottom).

▸ Ville de Montréal

# Les Distilleries Corby Limitée
# Corby Distilleries Limited

Dans un pays de grands distillateurs, le nom de Corby occupe une place prépondérante et, dans une ville aux immeubles de renom, cette entreprise impose un certain respect. Pendant des générations, les bureaux administratifs de Les Distilleries Corby Limitée étaient installés dans une impressionnante maison bourgeoise en plein coeur du « mille carré doré » de Montréal. Et souvent, lorsque des visiteurs demandaient où se trouve l'hôtel Ritz-Carlton, on leur répondait : « Le Ritz? Il est juste en face de la maison Corby. »

## Un chef de file dans le domaine des spiritueux

Corby jouit d'une expérience de près d'un siècle et demi en tant que fabricant et négociant de spiritueux raffinés et de vins importés. Aujourd'hui, ce qui fait la force de cette entreprise qui emploie 148 personnes au Canada et montre un chiffre d'affaires de près de 92 millions de dollars, ce sont les marques de ses produits, dont la réputation n'est plus à faire. L'énumération de ces boissons — Canadian Club, Wiser's Deluxe, Gin Beefeater, Ballantine's, Teacher's, Rhum Lamb's, Kahlúa, Tia Maria, Drambuie, Courvoisier et Hennessy — a des allures de palmarès dans une industrie où la réussite ne va pas sans une identification à des noms de marques.

Des marques de base aussi distinguées expliquent en partie le fait que Corby détienne quelque 27 p. 100 du marché des spiritueux traditionnels au Canada. Des études sur les tendances des consommateurs prévoient un rapide recul de la bière et un retour aux spiritueux traditionnels; Corby est bien placée pour tirer profit de cette tendance.

Corby jouit d'une expérience de près d'un siècle et demi en tant que fabricant et négociant de spiritueux raffinés et de vins importés.

As a manufacturer and marketer of fine spirits and imported wines, Corby has nearly a century and a half of history to draw upon.

In a country of great distillers, the name Corby holds a pre-eminent position, and in a city of famous buildings, this company commands particular esteem. For generations, the executive offices of Corby Distilleries Limited were located in an imposing landmark mansion in the heart of Montreal's Golden Square Mile. Visitors to the city, asking for directions to the Ritz-Carlton Hotel, are often told, "The Ritz? Look for it across the street from the Corby House."

## A Leader in Spirits

As a manufacturer and marketer of fine spirits and imported wines, Corby has nearly a century and a half of history to draw upon. Today, with 148 employees in Canada and sales of approximately $92 million, the strength of the company lies in the widespread recognition of its brand-name products. These beverage names—Canadian Club, Wiser's Deluxe, Beefeater Gin, Ballantine's, Teacher's, Lamb's Rums, Kahlúa, Tia Maria, Drambuie, Courvoisier, and Hennessy—read like an honour roll in an industry where brand identification is an indispensable component of success.

Such distinguished core brands help account for the fact that Corby holds approximately a 27 percent share of the traditional spirits market in Canada. Demographics project an accelerated trend away from beer and back to traditional spirits, and Corby is well positioned to benefit.

"We're seeing the return of the martini, and tall drinks, too, are back," says Krystyna Hoeg, Corby's CEO. "The beverages of the Roaring Twenties are in vogue again, and growing in popularity among young people, who have also discovered the attraction of what has always been our flagship product—namely, Canadian whisky."

To further enhance its whisky niche, Corby has introduced premium sipping Canadian whiskies. These include a sherry cask style and a single batch style to compete directly with single malt scotches and bourbons.

"Premium Canadian whiskies," says James Keon, Corby's Executive Vice President, "are aged for 10 and 12 years, producing a wonderful finish. It is a category that has much more value added than many of its competitors. Canadian whisky will increasingly be seen as an upscale drink that can compete favourably with any of the high-end products that are currently the rage."

« Nous constatons aussi un nouvel attrait pour le martini et les boissons allongées, nous dit Krystyna Hoeg, présidente-directrice générale de Corby. Les boissons des Années folles sont de nouveau en vogue et gagnent de la popularité chez les jeunes. Ceux-ci ont également découvert ce qui a toujours été notre produit phare, le whisky canadien. »

Pour rehausser encore davantage son créneau des whiskies, Corby a récemment lancé sur le marché d'excellents whiskies de dégustation, parmi lesquels un whisky á la saveur de sherry en fût et un whisky de type pur malt qui fait concurrence aux scotchs et aux bourbons de *single malt*.

« Les whiskies canadiens de première qualité sont vieillis pendant 10 et 12 ans, ce qui leur donne une richesse de goût extraordinaire, explique James Keon, vice-président à la direction. Les produits de cette catégorie ont une valeur ajoutée de loin supérieure à de nombreuses marques concurrentes. Le whisky canadien sera de plus en plus considéré comme une boisson haut de gamme qui se compare avantageusement aux produits de luxe qui font actuellement fureur. »

Corby investit gros pour continuer d'occuper l'avant-scène et tient à ce que ses produits demeurent les préférés de l'industrie des boisson alcooliques. Bien avant ses concurrents, l'entreprise a mis sur le marché des mélanges prêts à servir directement du réfrigérateur, parmi lesquels la margarita Salvador et le thé glacé Long Island de McGuinness.

Misant sur son pouvoir de distribution dans tout le pays, Corby est aussi depuis longtemps le plus grand importateur de vins au Canada et représente plus de 20 p. 100 du marché des vins italiens avec des marques telles que Ruffino, Folonari et Giacondi. L'entreprise importe également un éventail de vins de France, et sur sa liste internationale figurent des vins d'Espagne, du Portugal, du Chili, d'Allemagne, d'Argentine, d'Australie et d'Afrique du Sud.

## Un excellent citoyen

Entreprise cotée en bourse dont les titres constituent le choix de maints fonds de retraite et organismes, Corby assure une présence sociale incomparable et participe à presque toutes les campagnes de financement de Montréal. Avec une histoire aussi brillante et l'assurance que son marché ne sera jamais en baisse, il n'est pas étonnant que sa société mère, Hiram Walker & Sons Limited, lui ait donné pour seule directive : « Continuez sur votre lancée. »

Corby invests heavily in order to stay on the leading edge, and is determined that its products will remain the rage of the beverage alcohol industry. Long before its competitors, the company introduced mixed products for consumption straight from the consumer's refrigerator. These ready-to-drink cocktails include Salvador's Margarita and McGuinness Long Island Iced Tea.

Capitalizing on its distribution muscle across the country, Corby has also long been the largest importer of wines in Canada, representing more than 20 percent of the Italian wine business with brands such as Ruffino, Folonari, and Giacondi. Corby carries a large portfolio from France, as well as an international list that includes wines from Spain, Portugal, Chile, Germany, Argentina, Australia, and South Africa.

## A Good Neighbour

The publicly traded Corby, a favoured stock of numerous pension funds and institutions, is clearly a rock-solid corporate citizen. Its profile of community involvement cannot be surpassed; Corby participates in most fund-raising efforts in Montreal. Given such a stellar history and such secure prospects for continued command of its market, it comes as no surprise that the only directive Corby ever receives from its parent, Hiram Walker & Sons Limited, is "Stick to your knitting."

Corby investit gros pour continuer d'occuper l'avant-scène et tient à ce que ses produits demeurent les préférés de l'industrie des boisson alcooliques.

Corby invests heavily in order to stay on the leading edge, and is determined that its products will remain the rage of the beverage alcohol industry.

# Bourse de Montréal
# Montreal Exchange

Négociation à la criée, voilà le moyen utilisé par les négociateurs pour acheter et vendre les contrats sur taux d'intérêts canadiens échangés quotidiennement sur le marché à terme de la Bourse de Montréal, reconnue comme la Bourse des contrats à terme et d'options au Canada (en haut).

Open outcry is the method used by traders to buy or sell Canadian interest rate futures contracts traded on a daily basis on the Futures floor of the Montreal Exchange, renowned as the Canadian Futures and Options Exchange (top).

Le Centre d'interprétation, avec ses stations interactives et multimédias, accueille plus de 18 000 visiteurs annuellement (en bas).

The Visitors' Center, with its unique interactive and multimedia stations, welcomes some 18,000 people each year (bottom).

Moteur de la vie économique, parce que la Bourse de Montréal compte près de 600 sociétés inscrites à sa cote. Place financière d'importance, pour les 17 millions d'actions négociées chaque jour sur son parquet. Ambassadrice hors pair, par le onzième rang qu'elle occupe selon le classement de la Fédération internationale des bourses de valeurs (FIBV).

Fondée en 1874 et première bourse à voir le jour au Canada, la Bourse de Montréal est riche en tradition. Au fil de ses 125 ans d'histoire, elle s'est démarquée par son caractère novateur. On lui doit entre autres l'instauration de la négociation des options au Canada et la mise sur pied d'un marché à terme qui lui vaut aujourd'hui la renommée internationale de capitale canadienne des produits dérivés sur instruments financiers.

## Tradition, dynamisme et leadership

Saisir les occasions qui se présentent à elle, voilà l'une des forces qui caractérise la place boursière montréalaise et qui la distingue dans son savoir-faire. À titre d'exemple, elle a récemment mis sur pied un comité de stratégies qui a pour mandat de créer des liens entre la communauté financière et les secteurs

Claude-Simon Langlois

Like a great heart at the centre of economic events, the Montreal Exchange beats vibrantly as it helps drive the city's financial life. Home to nearly 600 listed companies, the venerable institution trades an average of 17 million shares daily and is ranked 11th in the worldwide standing of the International Federation of Stock Exchanges (FIBV).

Founded in 1874, and the first stock exchange established in Canada, the Montreal Exchange (ME) boasts a rich history of innovation for more than 125 years now. The ME was the first in the nation to introduce options, as well as the first to establish a futures market. Today, it acts as the undisputed Canadian capital of financial derivatives.

## Tradition, Dynamism, and Leadership

Seizing the initiative has always been a defining property of the Montreal Exchange, and today, its role as a forerunner and activist remains undiminished. For example, the ME has taken the lead in developing strategies to forge greater ties between financial markets and industrial sectors. Additionally, it has shown the way to growth through creative links and partnerships. For example, its electronic link with the Boston Stock Exchange provides clients of member firms with direct access to the American market. Perhaps most significantly, the ME is working to counter the fragmentation of the Canadian market and to institute a truly open national arena for the trading of equities and stock options.

The Montreal Exchange also plays an important role in the growth of local companies, and it has been instrumental in making the city an international leader in sectors such as aerospace, biotechnology, high tech, and telecommunications. The Capital Development team focuses on assisting Quebec-based companies in

industriels, qu'ils soient traditionnels ou non. Elle a ouvert la voie à de nouvelles possibilités en concluant une alliance avec la *Boston Stock Exchange* afin d'offrir aux clients de ses firmes membres un accès direct au marché américain par le biais d'un lien électronique. Sans oublier qu'elle travaille ardemment à l'élimination de tout obstacle à la libre négociation des actions et des options sur actions au Canada, car seule une saine concurrence peut rendre possible un marché national vraiment ouvert.

La Bourse de Montréal y est aussi pour beaucoup dans la croissance des entreprises et dans la réputation que s'est taillée Montréal dans des secteurs comme l'aérospatiale, la biotechnologie, la haute technologie et les télécommunications. Son équipe vouée à la formation du capital a pour objectif premier d'aider les entreprises québécoises à se procurer du capital public à l'échelle locale, nationale et internationale.

Mais c'est avec son marché à terme, par ailleurs unique au Canada, que la Bourse de Montréal s'ouvre véritablement sur le monde. Le BAX — contrat à terme sur acceptations bancaires canadiennes de trois mois — qui a célébré en 1998 son dixième anniversaire d'existence, est digne de mention, car il suscite l'intérêt des investisseurs étrangers dans une proportion dépassant les 60 %. Et ce même contrat BAX — dont le sous-jacent dépasse dorénavant celui des bons du Trésor — agit d'indice précurseur pour le marché monétaire canadien. Cela étant dit, le parquet montréalais attire une pléiade de négociateurs indépendants dont plusieurs sont venus d'un peu partout dans le monde.

Organisme sans but lucratif depuis sa création, la Bourse de Montréal réinvestit ses profits dans les services offerts à ses 83 membres, dont 78 sont des maisons de courtage. C'est ainsi que l'institution montréalaise investira quelque 39 millions de dollars dans le réaménagement des aires de négociation et l'achat d'un nouveau système de négociation, car la Bourse de Montréal demeure le seul parquet physique au Canada où l'on peut négocier actions, options et contrats à terme.

Tradition et leadership sont des qualités qui gouvernent l'institution montréalaise. Figurant au nombre des bâtisseurs, la Bourse de Montréal a traditionnellement contribué au développement de la communauté des affaires, alors qu'elle la prépare aujourd'hui à affronter les défis du 21e siècle.

gaining access to public capital on a local, national, and international level.

The unique futures market of the Montreal Exchange is where the institution truly turns its face to the world. The ME's Three-Month Canadian Bankers' Acceptance Futures contract (BAX)—which celebrated its 10th anniversary in 1998—is underscored by the fact that 60 percent of all contracts traded are initiated by foreign investors. Moreover, the underlying value of the BAX exceeds that of treasury bills and acts as a leading price indicator for the Canadian money market. Furthermore, the ME's futures floor attracts scores of independent entrepreneurial traders from all over the world.

A non-profit organization since its inception, the Montreal Exchange reinvests its profits to improve services for its 83 members, 78 of which are securities firms. For example, the ME earmarked an investment of $39 million to reconfigure its floor and install new trading systems. The Montreal Exchange, in a bow to tradition and efficiency, maintains the only actual physical trading floor in Canada where one can trade stocks, options, and futures.

Enduring tradition and leadership are the governing qualities of Montreal's central financial institution. Historically, the Montreal Exchange has enabled the city's business community to become one of the most dynamic in North America, and today, it is preparing that same community for the global challenges of the 21st century.

Seul parquet physique au Canada où sont négociés actions, options et contrats à terme, la Bourse de Montréal se distingue entre autres par la présence de spécialistes et de mainteneurs de marché qui aident à obtenir le meilleur prix sur les titres des 600 sociétés inscrites à sa cote.

The only physical trading floor in Canada where one can trade stocks, options, and futures, the Montreal Exchange is characterized by the presence of specialists and market makers who help achieve the best price on the issues of the 600 companies listed on the Exchange.

## Merck Frosst Canada Inc.

Merck Frosst Canada est un chef de file de la recherche pharmaceutique au Canada. Fondée à Montréal en 1899, elle contribue par son succès, sa réputation et ses investissements, à faire de Montréal une plaque tournante de l'économie canadienne.

La plupart de ses activités se déroulent à son siège social, un complexe ultramoderne situé à Kirkland, en banlieue de Montréal. Merck Frosst emploie plus de 1 300 personnes dans l'ensemble du pays, qui travaillent à la découverte, à la mise au point, à la fabrication et à la commercialisation de médicaments d'ordonnance, qui sont indiqués notamment pour le traitement de l'asthme, de l'insuffisance cardiaque congestive, de l'hypertension, de l'hypercholestérolémie, de l'ostéoporose, du glaucome, de l'hypertrophie bénigne de la prostate, de la calvitie commune, de l'infection par le VIH et du SIDA, ainsi qu'une vaste gamme de vaccins.

### Une motivation : l'excellence en recherche

Selon le président de la société, M. André Marcheterre, la clé du succès de Merck Frosst réside depuis toujours dans son engagement à long terme dans la recherche. Le Centre de recherche thérapeutique Merck Frosst, qui emploie environ 200 chercheurs de calibre international, est le plus important centre de recherche biomédicale au Canada. Sa mission actuelle est de découvrir de nouveaux agents thérapeutiques pour le traitement de maladies inflammatoires et respiratoires ainsi que d'autres affections. Les scientifiques du Centre dominent actuellement la lutte contre l'asthme bronchique grâce à un médicament élaboré récemment qui appartient à une nouvelle classe thérapeutique, celle des antagonistes des récepteurs des leucotriènes. Cette initiative constitue le premier pas important dans le traitement de l'asthme depuis plus de vingt ans. Plus récemment, la société a accompli des progrès dans un programme spécial de mise au point de nouveaux médicaments plus sûrs que les actuels anti-inflammatoires non stéroïdiens (AINS) pour le traitement de l'arthrose et de l'arthrite rhumatoïde. Un autre programme important est actuellement en cours de réalisation. Il est issu de la

Une technicienne effectue une analyse à l'intérieur d'un isolateur afin de vérifier, dans des conditions d'asepsie, la qualité des produits.

A technician analyzes sterile products inside an aseptic isolator to ensure product quality.

Merck Frosst Canada Inc. is a leader in pharmaceutical research. Founded in Montreal in 1899, the company's success, stature and investments have contributed to Montreal's overall position as a key hub of the Canadian economy.

Most corporate activity takes place at the company's state-of-the-art complex in the Montreal suburb of Kirkland. Merck Frosst employs more that 1,300 people across the country who are engaged in the discovery, development, manufacture, marketing and sales of a wide range of prescription medicines for human health. The company's products include medications for asthma, congestive heart failure, hypertension, hyercholesterolemia, osteoporosis, glaucoma, prostate disease, male pattern hair loss, and HIV/AIDS, as well as a broad range of vaccines.

### Driven by Research Excellence

"The key to our success," says André Marcheterre, President, "has been and will continue to be our commitment to research." The Merck Frosst Centre for Therapeutic Research employs approximately 200 world-class scientists and is Canada's largest biomedical research facility. The Centre's mandate is to develop new approaches for the treatment of respiratory, inflammatory and other diseases. The Centre's researchers have recently spearheaded the assault on bronchial asthma with the development of a medication in a new class of therapies called leukotriene receptor antagonists. This is the first asthma treatment advance in more that 20 years. More recently, progress has been made in a special program to develop new therapies that are safer than current non-steroidal anti-inflammatory drugs (NSAIDS) for the treatment of osteoarthritis and rhumatoid arthritis. Another important research program currently underway arose from a Merck Frosst discovery of a series of novel cysteine proteases involved in apoptosis (programmed cell death). Regulation of this key process in the body may have important therapeutic applications in a number of diseases including cancer, neurodegenerative, and cardiovascular diseases.

### Committed to Health Care

Although the company's primary mission is to develop new medicines, Merck Frosst is committed to being a partner in health care. The company actively works with academia, the medical community, the private sector, key stakeholders, and governments across Canada

découverte par Merck Frosst d'une série de nouvelles protéases à cystéine associées à l'apoptose (mort cellulaire programmée). Le mode de régulation lié à ce processus complexe pourrait avoir de nombreuses applications thérapeutiques dans le traitement de certaines maladies comme le cancer et les maladies neurodégénératives ou cardiovasculaires.

▶ MERCK FROSST CENTRE FOR THERAPEUTIC RESEARCH

Une chimiste sépare les constituants d'un mélange chimique par la méthode de la chromatographie sur couche mince.

A researcher separates a mixture of chemical compounds using thin layer chromatography.

### Un engagement envers les soins de santé

Bien que sa mission première soit de mettre au point de nouveaux médicaments, Merck Frosst s'est engagée à être une partenaire dans les soins de santé. Elle travaille activement avec les universités, les médecins et les intervenants des secteurs privé et public de tout le Canada afin de trouver de nouvelles façons d'améliorer la qualité et l'efficience des soins, ainsi que d'élaborer et de recommander des politiques sur les soins de santé qui soient adaptées aux besoins des Canadiens et Canadiennes. Par cette initiative stratégique, l'entreprise marque un pas vers son approche globale à l'égard des soins de santé.

En tant que fournisseur de soins de santé, employeur et membre actif de la collectivité qu'elle sert, Merck Frosst touche la vie de nombreuses personnes. Son engagement et ses investissements dans la R-D s'étendent au-delà de ses laboratoires, jusqu'aux centres de recherche, aux hôpitaux et aux universités de tout le pays. Merck Frosst reconnaît l'importance de l'éducation scientifique et finance de nombreux programmes éducatifs qui rejoignent les jeunes et leurs enseignants de tous les niveaux, de l'école primaire à l'université.

Merck Frosst achève actuellement d'importants travaux de rénovation et d'expansion de ses installations de fabrication et de recherche. Ces investissements nous donnent l'assurance que ce pilier du milieu des affaires de Montréal continuera, pendant de longues années encore, à mettre au point et à produire, pour les marchés national et international, des médicaments qui améliorent la qualité de nos vies.

to identify new ways to improve the quality and cost-effectiveness of patient care, as well as to develop and recommend effective health care policy for Canadians. This strategic initiative is a step forward in the company's global approach to health care.

Merck Frosst touches the lives of many people as a provider of health care, an employer, and an active member of the community it serves. The company's commitment to and investment in research and development extends beyond its labs, reaching into research centres, hospitals, and universities across the country. Merck Frosst recognizes the importance of science education and participates in and funds a wide array of education programs. These programs reach young people and their teachers from elementary to graduate schools.

Merck Frosst is presently undertaking major renovation and expansion projects in its research and manufacturing facilities. Such investments ensure that this long-standing pillar of the Montreal business community will continue to develop and produce life-enhancing medicines for the Canadian and international markets for many years to come.

# Lévesque Beaubien Geoffrion

Fondée en 1902, Lévesque Beaubien Geoffrion est la plus importante maison canadienne de courtage ayant son siège social à Montréal.

Lévesque Beaubien Geoffrion propose une gamme de services intégrés à sa clientèle composée d'investisseurs institutionnels, d'entreprises, de gouvernements et de particuliers. Ses revenus annuels sont d'environ 450 millions de dollars et son capital investi totalise plus de 210 millions de dollars. Lévesque Beaubien Geoffrion regroupe 1980 employés répartis dans 66 bureaux au Canada, aux États-Unis et en Europe.

Depuis 1988, Lévesque Beaubien Geoffrion est associée à la Banque Nationale du Canada, la sixième en importance au pays, dont elle est une filiale à 75 %. La part résiduelle de l'actionnariat (25 %) est détenue par la direction et les employés.

## Services aux investisseurs institutionnels

Lévesque Beaubien Geoffrion sert une clientèle croissante d'institutions financières canadiennes et internationales grâce à des équipes aguerries de négociateurs à ses bureaux de Montréal, Toronto, Vancouver, New York, Londres et Genève. Lévesque Beaubien Geoffrion répond aux besoins des institutions financières en leur donnant des idées pour faire fructifier leurs placements et dépasser le rendement des indices de référence.

Lévesque Beaubien Geoffrion regroupe 1 980 employés, dont 650 conseillers en placement, répartis dans 66 bureaux.

Lévesque Beaubien Geoffrion has 1,980 employees, including 650 investment advisors, located in 66 offices.

Founded in 1902, Lévesque Beaubien Geoffrion is the largest Canadian investment dealer with its head office in Montreal. Lévesque Beaubien Geoffrion is a fully integrated investment dealer providing services to institutions, corporations, governments, and individual investors. The firm generates annual revenues of approximately $450 million, and its invested capital exceeds $210 million. Lévesque Beaubien Geoffrion has 1,980 employees located in 66 offices across Canada, the United States, and Europe.

Since 1988, Lévesque Beaubien Geoffrion has been associated with the National Bank of Canada, the sixth-largest bank in the country, which owns a 75 percent interest in the firm. The remaining 25 percent ownership is held by management and employees of Lévesque Beaubien Geoffrion.

## Institutional Services

The firm has achieved significant growth in the institutional sector through offices in Montreal, Toronto, Vancouver, New York, London, and Geneva. The Institutional Services department of Lévesque Beaubien Geoffrion seeks to provide ideas and investment advice that will enable institutional investors to achieve their investment objectives and outperform market indices.

The strategic comprehension of the firm is best defined by the $5 billion in transactions passing daily through its Trading Hall, a large trading floor in Montreal. Lévesque Beaubien Geoffrion's team of professionals works in the Trading Hall, along with the Treasury Department of the National Bank of Canada. Sharing expertise creates synergy, and an opportunity to provide complementary services translates into more competitive pricing and increased liquidity.

With the ongoing globalization of financial markets, institutional investors worldwide have been showing an increased level of interest in the Canadian stock market. The positioning of Lévesque Beaubien Geoffrion as one of the largest investment dealers in Canada makes it an excellent intermediary for clients wishing to invest in this country. As the only national full-service dealer with its head office in Quebec, the firm also offers a unique perspective on Canada's investment environment. This insight is an important source of added value for the clients.

Furthermore, Lévesque Beaubien Geoffrion's knowledge of the Quebec market remains a valuable asset that distinguishes the firm from other Canadian investment dealers. An increas-

Chaque jour, la firme transige, dans le Grand Hall d'Arbitrage, à Montréal, pour l'équivalent de 5 milliards de dollars de titres à revenu fixe. La salle d'arbitrage abrite également la trésorerie de la Banque Nationale. Ce partage d'expertise crée une synergie et une complémentarité de services qui se répercutent sur des prix plus concurrentiels et une liquidité accrue.

La globalisation des marchés financiers suscite depuis plusieurs années un intérêt croissant de la part des investisseurs institutionnels internationaux vis-à-vis du marché boursier canadien. Son positionnement parmi les plus importantes maisons de courtage au Canada fait de Lévesque Beaubien Geoffrion un interlocuteur de premier plan lorsque vient le moment d'investir sur ce marché.

Lévesque Beaubien Geoffrion est la seule grande firme nationale à avoir son siège social au Québec et ceci lui procure un point de vue unique sur le contexte d'investissement qui prévaut au Canada. Dans bien des cas, ce trait caractéristique peut s'avérer une source d'informations à valeur ajoutée pour la clientèle.

De plus, sa connaissance du marché québécois demeure encore et toujours un précieux facteur de démarcation par rapport aux autres firmes de courtage canadiennes. De plus en plus d'institutions financières sont à même de le constater et d'en tirer profit.

### Services de financement des sociétés

Dans le domaine du financement des sociétés, les clients souhaitent s'adresser à des spécialistes qui comprennent leurs besoins et saisissent les enjeux auxquels ils sont confrontés dans leur industrie. La mission de Lévesque Beaubien Geoffrion consiste à offrir cette expertise ainsi qu'à entretenir des relations étroites et suivies avec nos clients. Cette mission demande un engagement énergique envers la clientèle. Elle exige, en outre, une bonne dose de vision, de discernement et de perspicacité.

Pour sa clientèle de sociétés, qu'elles soient ou non cotées en bourse, Lévesque Beaubien Geoffrion offre des services complets de financement et de conseils financiers. La force de la firme réside dans une structure qui favorise la formation d'équipes pluridisciplinaires et spécialisées, aptes à répondre aux attentes d'entreprises et de divers secteurs industriels. Elle possède en outre une expertise reconnue dans tous les aspects entourant les appels publics à

Pierre Brunet, président du conseil, président et chef de la direction

Pierre Brunet, President and Chief Executive Officer

ing number of institutional investors are recognizing this distinction and realizing its benefits.

### Investment Banking

Lévesque Beaubien Geoffrion's Investment Banking group focuses on developing close working relationships with clients on an ongoing basis and on reinforcing the group's specialized expertise in a wide range of industries. This mission requires vision, a strong commitment to client relationships, rigorous analysis, and follow-up for identifying opportunities.

Lévesque Beaubien Geoffrion offers a full range of investment banking services to both publicly traded and privately owned corporations. The firm's strength lies in its organizational structure, which favours multidisciplinary teams. Lévesque Beaubien Geoffrion has recognized expertise in all areas of investment banking with a team of professionals based in Calgary, Toronto, and Montreal.

With its strong capital base and team of experienced professionals, Lévesque Beaubien Geoffrion has the breadth required to manage any issue of Canadian securities in Canada or abroad.

LBG Capital, a division of Lévesque Beaubien Geoffrion, is active in venture capital investment and private placements in companies that are not yet sufficiently large to consider an initial public offering.

Among its resources, Lévesque Beaubien Geoffrion also has a team that specializes in mergers and acquisitions. To excel in this area, it is essential to have a thorough knowledge of the clients' businesses and the dynamics of the industries in which they operate. The members of the Mergers and Acquisitions team have developed expertise in valuation matters, financial

l'épargne. Ses spécialistes en financement de Calgary, Toronto et Montréal sont présents dans tous les créneaux du marché.

Par ses capitaux propres, son équipe de spécialistes et son expertise, Lévesque Beaubien Geoffrion possède l'envergure requise pour gérer adéquatement toute émission de titres canadiens ou étrangers offerts sur les marchés des capitaux.

LBG Capital, une des divisions de Lévesque Beaubien Geoffrion, oeuvre quant à elle sur le marché des placements privés en capital de risque pour des sociétés qui n'ont pas encore atteint la taille suffisante pour envisager un premier appel public à l'épargne.

De plus, Lévesque Beaubien Geoffrion compte parmi ses effectifs une équipe spécialisée et expérimentée dans les fusions et acquisitions d'entreprises. Pour exceller dans ce domaine, il importe de bien connaître les clients et la dynamique des industries où ils évoluent. Les membres de cette équipe possèdent des connaissances diversifiées en évaluation, en analyse financière, en fiscalité ainsi qu'en financement et ils travaillent en étroite collaboration avec les professionnels des Services de financement des sociétés.

### Services de recherche

La recherche est un secteur stratégique chez Lévesque Beaubien Geoffrion. La firme y consacre des énergies considérables parce que sa clientèle d'institutions et de particuliers exige à juste titre une recherche objective, pertinente et de haute qualité. Pour sa clientèle d'institutions et de particuliers, la firme analyse les événements politiques et économiques qui surviennent au Canada et à l'étranger et qui concourent à influencer le contexte d'investissement. C'est le volet macroéconomique de la recherche.

Les Services d'études financières couvrent la majorité des grands secteurs de l'économie canadienne et publient de nombreux outils de renseignements s'adressant à la clientèle d'investisseurs institutionnels et individuels. C'est le volet de la recherche portant sur les stratégies de portefeuille et sur la sélection de titres.

Plusieurs des analystes de Lévesque Beaubien Geoffrion se classent dans les rangs supérieurs de leurs secteurs respectifs et ils sont considérés parmi les plus performants au Canada.

De toutes les firmes de valeurs mobilières au Canada, Lévesque Beaubien Geoffrion est celle qui consacre le plus d'efforts à la recherche sur des titres québécois, qu'il

analysis, taxation, and financing, and work in close cooperation with the firm's Investment Banking professionals.

### Investment Research

Investment research is a strategic activity at Lévesque Beaubien Geoffrion. The firm devotes considerable resources to producing objective, relevant, and high-quality research. For institutional and individual investors, Lévesque Beaubien Geoffrion provides macroeconomic research based on the analysis of economic and political events in Canada and abroad that influence the investment environment. The Investment Research team covers all major sectors of the Canadian economy, and many of the firm's analysts rank among the best in their industry sectors.

Of all the investment dealers in Canada, Lévesque Beaubien Geoffrion provides the most extensive research coverage of Quebec securities, ranging from large-capitalization to small-growth companies. This is an important advantage for clients looking to invest in Quebec-based companies.

The firm's research is communicated to clients through a range of targeted publications that are designed to meet the specific information needs of institutional and individual investors, and focuses on both portfolio strategy and securities selection.

### Individual Investor Services

Individual investors have to make an informed choice from among the many information sources today to develop an investment plan in line with their long-term financial goals. With the deluge of information and mounting pressure to provide for their own long-term

Les Services de recherche comptent 26 professionnels aux bureaux de Montréal, Ottawa, Toronto, Winnipeg, Calgary et Vancouver.

The Investment Research team includes 26 investment analysts and research associates located in Montreal, Ottawa, Toronto, Winnipeg, Calgary, and Vancouver.

s'agisse d'entreprises de grande capitalisation ou de sociétés en croissance. Ceci représente un atout maître quand vient le temps d'investir sur ce marché.

**Services aux particuliers**

Parmi tous les produits qui lui sont offerts et toutes les sources d'informations à sa disposition, l'investisseur privé doit effectuer un choix éclairé et conforme à ses objectifs de placement à long terme. Invité à faire fructifier lui-même son avoir mais placé devant une machine financière aux rouages complexes, l'investisseur a besoin des conseils d'un spécialiste en qui il peut placer sa confiance. Et ce spécialiste, une importante clientèle de particuliers au Canada le trouve chez Lévesque Beaubien Geoffrion. Nos 650 conseillers en placement aident plus de 260 000 clients à gérer efficacement leur patrimoine financier en misant sur la qualité et la personnalisation des conseils prodigués.

Un conseiller en placement de Lévesque Beaubien Geoffrion ne se contente pas d'effectuer des transactions d'achat ou de vente de titres pour le compte de ses clients. Il s'engage plutôt à établir des relations de longue durée avec sa clientèle. L'approche de gestion d'actifs proposée aux clients est professionnelle, objective et personnalisée. Les conseillers savent qu'il leur faut créer des relations d'affaires reposant sur la confiance et le respect mutuels. Dans le marché des services aux particuliers, c'est la seule façon de connaître un succès durable. Lévesque Beaubien Geoffrion préconise cette philosophie depuis 1902.

Les Services aux particuliers mettent à la disposition de la clientèle une vaste variété de comptes, de programmes, de produits et de services financiers. Le dénominateur commun de tous ces produits et services demeure le même : une gestion professionnelle et globale des actifs financiers du client à la lumière des objectifs de placement de celui-ci, de son degré de tolérance au risque et des perspectives offertes par les marchés. Que l'objectif de placement de l'investisseur soit la croissance à long terme ou la protection du capital assortie d'un rendement fixe connu d'avance, les conseillers en placement de Lévesque Beaubien Geoffrion peuvent structurer des portefeuilles qui correspondent au profil de chacun.

La culture de Lévesque Beaubien Geoffrion est marquée au sceau de l'entrepreneurship, de l'innovation et de l'engagement à servir la clientèle.

Le Grand Hall d'Arbitrage au siège social de Lévesque Beaubien Geoffrion à Montréal

The Trading Hall at the head office of Lévesque Beaubien Geoffrion in Montreal

financial security, investors need advice from a specialist they can trust. More than 260,000 individual investors in Canada find such a specialist at Lévesque Beaubien Geoffrion. The 650 investment advisors help clients manage their assets effectively by offering highly professional and personalized financial advice.

Lévesque Beaubien Geoffrion has made client relationships the cornerstone of its operating philosophy since 1902. The firm's investment advisors do not simply buy and sell securities for their clients. They aim to develop long-term relationships with their clients and take a personalized approach to asset management. The advisors know they have to create business relationships based on mutual trust and respect. In the individual investor market, this is the only way to achieve sustained success.

Individual Investor Services offer clients a wide variety of accounts, programs, products, and financial services. The common denominator of all these products and services is to provide professional and global management of a client's assets, reflecting the client's investment objectives, risk tolerance, and market outlook. Whether the client's objective is long-term capital growth or capital protection with a guaranteed return, Lévesque Beaubien Geoffrion's investment advisors can build portfolios that correspond to each investor's profile.

As rich in history as it is, Lévesque Beaubien Geoffrion's assured continued success depends on an ongoing commitment to providing only first-quality comprehensive services to clients.

## Aon Parizeau
## Aon Reed Stenhouse

L'équipe dirigeante de Montréal regroupe (de g. à d. à partir du coin droit) David Pegues, vice-président du conseil et chef de la direction, Aon Parizeau, et vice-président exécutif, Aon Reed Stenhouse, Gilles Corriveau, président et chef de l'exploitation, Aon Parizeau, Louis-Georges Pelletier, vice-président exécutif, Robert Gariépy, vice-président principal, Recherche et développement, et Johanne Lépine, vice-présidente exécutive, Aon Parizeau.

The Montreal leadership team includes (clockwise from right corner) David Pegues, Vice Chairman and Chief Executive Officer of Aon Parizeau and Executive Vice President of Aon Reed Stenhouse; Gilles Corriveau, President and Chief Operating Officer, Aon Parizeau; Louis-Georges Pelletier, Executive Vice President; Robert Gariépy, Senior Vice President, Research & Development; and Johanne Lépine, Executive Vice President, Aon Parizeau.

Soucieuse d'étendre ses opérations dans les secteurs du courtage commercial et des services de consultation, la société Aon a conçu une stratégie qui lui a valu un chiffre d'affaires de 5,8 milliards $ en 1997 et le premier rang parmi ses semblables à l'échelle mondiale.

*Aon* est un terme gaélique qui signifie unité, un concept inhérent aux opérations de la compagnie. Ses 550 bureaux répartis dans plus de 100 pays partagent connaissances, compétences et ressources, ainsi le veut la culture d'Aon. En résulte un travail de synergie et la recherche de la meilleure qualité pour les clients.

Aon Parizeau, qui a des bureaux à Montréal, à Sherbrooke et dans la ville de Québec, est affiliée à Aon Reed Stenhouse, la plus grande maison de courtiers d'assurances et d'experts-conseils en gestion du risque au Canada (24 bureaux au pays). Partenaire de Aon Consulting (anciennement MLH + A, Martineau Provencher et Alexander Consulting), chargée du portefeuille des avantages sociaux, des pensions et de l'actuariat, Aon procure du travail à plus de 500 Montréalais.

L'achat de Dale-Parizeau, en 1997, a eu un effet tonique sur les affaires de la compagnie au Canada et a fait d'Aon la plus grande firme de courtiers d'assurances et d'experts-conseils en gestion du risque au Québec. « Nous avons des collègues partout dans le monde qu'il suffit de contacter pour mieux servir nos clients, déclare Louis-Georges Pelletier, VPE, qui travaille avec Aon depuis l'acquisition de Dale-Parizeau. Dans le contexte de la mondialisation des affaires, les courtiers régionaux n'ont plus vraiment leur place, et nous voulions créer un partenariat stratégique qui supprime toutes les frontières dans l'intérêt de nos clients. »

### Une histoire de compétences et de connaissances

La société est solidement enracinée à Montréal. Ses précurseurs sont venus s'établir dans ce centre financier et industriel réputé au Canada en 1908, pour contribuer à l'essor des industries

A strategic plan to expand its global position in commercial brokerage and consulting services sets the stage for Aon Corporation, with 1997 revenues of $5.8 billion, to enter the spotlight as the world's premier insurance brokerage and consulting organization.

*Aon* is the Gaelic word for "unity"—a concept that is fundamental to the company. In its 550 offices in more than 100 countries, Aon's culture is defined by interdependence—the sharing of knowledge, skills, and resources—teamwork that delivers the greatest value to clients.

Aon Parizeau, with offices in Montreal, Sherbrooke, and Quebec City, is part of Aon Reed Stenhouse, Canada's leading provider of insurance brokerage and risk management consulting services, with 24 offices coast to coast. In combination with Aon Consulting (formerly MLH+A, Martineau Provencher, and Alexander Consulting), the benefits, pension, and actuarial arm, Aon employs more than 500 people in Montreal.

Purchasing Dale-Parizeau in 1997 enhanced the company's position in Canada while making Aon Quebec's largest insurance broker and risk management consultant. "We now have colleagues all over the world whom we can contact to best serve our clients," says Louis-Georges Pelletier, EVP, who joined Aon through the Dale-Parizeau acquisition. "The decision to join Aon was customer-driven. With increasing globalization, regional brokers are passé, and we sought a strategic partner to effectively erase all borders in the interest of our clients."

### A History of Knowledge and Expertise

The corporation has deep roots in Montreal. As Canada's major financial and industrial centre, predecessor companies established themselves in Montreal in 1908, assisting transportation, manufacturing, and resource industries in growth and expansion across Canada. Today, major Quebec corporations continue to depend upon Aon to advise and assist them. As companies change and grow, as society evolves, and as governments react to internal and external pressures, corporations encounter new types of risk.

To meet these challenges, the traditional insurance brokerage business has changed radically to become much broader, now including financial advising, consulting, and risk management services. "Our products are knowledge and expertise. Our professionals—such as specially trained risk control engineers,

du transport, de la fabrication et du secteur primaire partout au pays. Les grandes sociétés québécoises trouvent encore conseils et soutien auprès d'Aon. Dès lors que les compagnies évoluent et grandissent, que la société change, et que les gouvernements réagissent aux pressions internes et externes, les sociétés font face à des risques d'un nouveau genre.

Le secteur du courtage a donc repensé son mandat traditionnel, nouveaux défis obligent, pour lui greffer l'offre de conseils financiers, de services de consultation et de gestion du risque. « Nous vendons nos connaissances et nos compétences. Notre équipe de professionnels — des spécialistes du contrôle du risque, des actuaires et des stratèges d'entreprise — aide nos clients à analyser les incertitudes », explique David Pegues, vice-président du conseil et chef de la direction.

L'équipe d'Aon aide les clients à préciser toutes questions pertinentes, puis quantifie les risques en évaluant leur vraisemblance et leurs répercussions éventuelles. « La gestion du risque et les assurances sont essentielles au déploiement de stratégies en affaires, à un bilan positif aussi », confie Pelletier. « Aon aide les clients à bien gérer les risques et à protéger leur actif au moyen d'assurances ou d'autres instruments financiers. S'il faut des assurances, nous les conseillons dans leurs rapports avec les assureurs », d'ajouter Johanne Lépine, VPE.

Avec le nombre de regroupements et de fusions qui augmente, les compagnies voient les risques sous des angles différents. Les assurances ne sont plus le seul recours. Les sociétés avec des besoins complexes contemplent avec un intérêt croissant la possibilité d'obtenir un financement hors-bilan, de se réassurer et de s'associer des agents exclusifs. Aon aide ses clients à identifier le mode de transfert du risque le plus efficace, les produits financiers les plus originaux, les structures les plus créatives, souvent, en étroite collaboration avec les comptables et les fiscalistes de ses clients.

Vu aussi la convergence des responsabilités, il est probable que d'ici peu les banques pourront vendre des produits d'assurance. « Un défi parmi les autres, sans plus », affirme Pegues, pour qui les connaissances de sa compagnie, son professionnalisme et la spécialité de ses services sont imbattables.

« Nous avons tout ce qu'il faut pour servir le mieux possible nos clients actuels et éventuels, dit-il. Nous voulons conserver et consolider cette position. »

actuaries, and business strategists—help our clients analyze uncertainties," says David Pegues, Vice-Chairman and CEO.

Aon's team helps clients identify all relevant issues, then quantifies risks by assessing their likelihood and potential impact. "Risk management and insurance are critical to the execution of business strategies and to the health of a company's balance sheet," says Pelletier. "Aon assists clients in ensuring that risks are effectively managed and that assets are properly protected using insurance or financial solutions. If insurance is the solution, then we act as their advocate in dealing with insurers," adds Johanne Lépine, EVP.

With the ever increasing number of mergers and consolidations, companies are looking at risks in new ways. Interest is growing in alternatives to insurance: off-balance sheet funding, financial reinsurance, and captives are studied with increasing frequency by those corporations with complex needs. Aon will help clients identify the most efficient risk transfer mechanism, the most innovative financial products, and the most creative structures, often in close collaboration with clients' accountants and tax lawyers.

With banking and insurance converging, is it likely that banks will soon be allowed to distribute insurance products? "If they do, we see such change only as a further challenge," says Pegues, who regards the depth of his company's knowledge, its professionalism, and the sophistication of its services as unbeatable in the marketplace.

"We've positioned ourselves to best serve our current and prospective clients," he says. "Our intention is to maintain and expand that pre-eminent position."

Une photo de la Spruce Falls Power and Paper Company, à Kapuskasing, tirée d'un rapport sur le contrôle des pertes d'Aon, publié en 1929. Après toutes ces années, la compagnie demeure un client d'Aon, qui dessert la communauté des gens d'affaires partout au Québec et au Canada depuis son bureau de Montréal.

A view of the Spruce Falls Power and Paper Company in Kapuskasing, from an Aon loss-control report completed in 1929. Today, the company remains a client of Aon, which serves businesses throughout Quebec and Canada from its Montreal office.

## Lavery, de Billy, avocats
## Lavery, de Billy, Barristers and Solicitors

Solidement enraciné dans la vie économique et sociale de Montréal et du Québec, le cabinet juridique Lavery, de Billy compte plus de 160 avocats exerçant dans la quasi-totalité des grands secteurs d'activité juridique. Ayant une clientèle locale, nationale et internationale tant dans le secteur public que dans le secteur privé, il est réputé pour l'étendue de ses connaissances et son indéfectible souci d'excellence.

Forts de leurs compétences, les avocats du cabinet Lavery, de Billy sont des chefs de file dans leur spécialité respective et travaillent en équipe dans diverses disciplines du droit. C'est en grande partie à cette philosophie de collaboration que le cabinet doit sa croissance et la place qu'il occupe au sommet de la profession juridique de Montréal.

### Des années d'expérience

Riche d'une expérience collective de plus de 85 ans, le cabinet Lavery, de Billy est né au début des années 1990 de la fusion de deux cabinets, soit Lavery, O'Brien de Montréal et Gagnon, de Billy, Cantin, Beaudoin, Lesage et Associés de Québec.

Installé à Montréal, à Québec, à Laval et à Ottawa, le cabinet représente tout autant des petites et moyennes entreprises que des multinationales. Ses entreprises clientes évoluent dans des secteurs aussi divers que les ressources naturelles, l'alimentation, l'assurance, les communications, les services financiers, les banques, la fabrication, le génie, l'immobilier et la construction. Quant à ses clients du secteur public, on trouve parmi eux des sociétés d'État, des municipalités, des conseils scolaires et plusieurs organismes de santé et de services sociaux.

L'expérience de Lavery, de Billy est parmi les plus diversifiées au Canada et le cabinet a la

Quand un groupe de travail prend un dossier en main, il s'investit à fond. On retrouve ici, au cœur de l'Arboretum du Collège Macdonald, Hélène Lauzon, Michel Yergeau, Yvan Biron et Tania Smith, membres du groupe Droit de l'environnement.

When a work team takes charge of a file, they apply themselves fully to the task at hand. Here we see Hélène Lauzon, Michel Yergeau, Yvan Biron, and Tania Smith, members of the Environmental Law Group, at the heart of the Macdonald College Arboretum.

Deeply rooted in the social and economic life of Montreal and Quebec, the law firm of Lavery, de Billy comprises more than 160 attorneys who are active across the spectrum of legal affairs. Serving local, national, and international clients from the private and public sectors, the firm has built a reputation for widespread expertise and an uncompromising commitment to excellence.

Bringing their specialized skills to bear, the attorneys with Lavery, de Billy are leaders in their respective fields, yet they work as part of a team in diverse areas of the law. This culture of collaboration deserves much of the credit for the firm's growth, and accounts for its large share of preeminence atop the legal profession in Montreal.

### Years of History

Pooling the collective experience of more than 85 years of practice, Lavery, de Billy was formed in the early 1990s by the merger of two firms: Lavery, O'Brien of Montreal and Gagnon, de Billy, Cantin, Beaudoin, Lesage & Associates of Quebec City.

With offices in Montreal, Quebec City, Laval, and Ottawa, the firm represents small and medium-sized businesses, as well as multinational companies. Its corporate clients are involved in industries as varied as natural resources, food, insurance, communications, financial services, banking, manufacturing, engineering, real estate, and construction. Among the firm's public sector clientele are Crown corporations, municipalities, school boards, and a substantial number of health and social service institutions.

Lavery, de Billy's breadth of expertise ranks among the most sophisticated in Canada. The firm upholds an unbroken tradition of achieving superior results for its clients, and maintains its pride of place through constant recruiting and nurturing of the finest legal talent in the country.

### Wide-Ranging Specialties

Commercial, corporate, tax, and insurance law headline the areas in which the firm's advice and representation are sought. The firm has acted as a pathfinder in matters involving employment law, suretyship, municipal law, regulatory law, intellectual property, and computer law, as well as administrative and constitutional law. Likewise, outstanding groups of lawyers have earned Lavery, de Billy a reputation for legal expertise in the shipping and maritime sector, the entertainment domain,

réputation d'obtenir infailliblement des résultats supérieurs pour ses clients. Pour maintenir la place d'honneur qu'il occupe, le cabinet recrute dans ses rangs les plus brillants éléments de la profession juridique du pays.

### Un éventail de spécialités

Droit commercial, droit des sociétés, droit fiscal et droit de l'assurance ne sont que quelques-uns des champs de compétence du cabinet, qui a par ailleurs fait oeuvre de pionnier dans des affaires relevant du cautionnement, du droit du travail, du droit municipal, du droit réglementaire, de la propriété intellectuelle, du droit de l'informatique ainsi que du droit administratif et constitutionnel. Des équipes de spécialisation ont en outre augmenté l'expérience juridique de Lavery, de Billy dans les secteurs du transport maritime, du spectacle et de l'industrie minière. Le cabinet représente également des clients dans le domaine de l'aviation et de l'espace, ainsi qu'en droit personnel et en droit de la famille.

Fidèle à son rôle d'innovateur, Lavery, de Billy a été le premier cabinet au Québec à former une équipe spécialisée en droit de l'environnement. Il s'est également associé à KPMG afin de mettre au point et d'offrir à sa clientèle des services d'audit informationnel.

### Engagement sur le plan social

En tant que partie intégrante de la vie de Montréal, Lavery, de Billy peut s'enorgueillir d'une longue tradition d'engagement bénévole au profit d'un ensemble impressionnant de causes et d'oeuvres de bienfaisance. Plusieurs avocats du cabinet ont aussi exercé des fonctions importantes dans des organismes gouvernementaux, des associations du barreau et des organismes de services privés.

Les avocats de Lavery, de Billy sont fiers d'allier, pour le bénéfice de leur clientèle, les outils de la technologie moderne aux valeurs traditionnelles de l'éthique. Cette heureuse association d'efficacité et de principes a fait de Lavery, de Billy un synonyme de vaste expérience et d'intégrité à toute épreuve.

and the mining industry. The firm also represents clients in the aviation and space fields, and in personal and family law.

In recent years, highlighting its role as an innovator, Lavery, de Billy was the first firm in Quebec to establish an environmental law team. The firm also formed a joint venture with KPMG to develop and offer to clients a range of privacy audit products.

### Championing Community Causes

As an integral part of the community life of Montreal, Lavery, de Billy can point to a long history of pro bono involvement on behalf of an array of causes and charitable organizations. In addition, many of the firm's lawyers have held important offices in government, bar associations, and private service groups.

The attorneys of Lavery, de Billy are proud to serve their clients with the most modern tools that technology can afford, along with the most traditional values that ethics can teach. It is that union of efficiency and principle that has rendered the name Lavery, de Billy synonymous with vast experience and rock-solid integrity.

Montréal est aujourd'hui une des capitales mondiales du multimédia. Plusieurs avocats de Lavery, de Billy se spécialisent dans cette discipline qui connaît présentement une évolution foudroyante dans la cité du multmédia. Marie-Claude Perreault, quant à elle, est spécialisée dans le droit du travail.

Montreal today is one of the world's capitals of multimedia. Several lawyers with Lavery, de Billy are specialized in this field, which is presently changing at a breakneck pace in the world of multimedia. As for Marie-Claude Perreault, her specialty is labour law.

Lavery, de Billy est un cabinet où priment la qualité du travail et, surtout, la qualité de vie, vous diront Nicolas Gagnon et Danièle MacKinnon, patinant sur l'Esplanade de la Place Ville Marie.

Lavery, de Billy is a firm where quality at work and, especially, quality of life come first, as Nicolas Gagnon and Danièle MacKinnon will tell you, seen here rollerblading on the Plaza of Place Ville Marie.

## Ernst & Young

À une époque de changements rapides caractérisée par la mondialisation des marchés, la convergence et les progrès technologiques, il est de plus en plus essentiel de pouvoir compter sur des conseils objectifs. Très peu de sociétés offrent des services et des ressources aussi diversifiés qu'Ernst & Young.

Reconnue pour la qualité de ses services de certification et de fiscalité, Ernst & Young possède également de vastes compétences en gestion et en finances. « Notre Société occupe une position dominante sur le marché de la consultation », précise Jean-Claude Lauzon, associé-directeur national, Technologie, communications et divertissements. « De plus, à l'ère de la réingénierie et de la technologie de l'information, de nombreuses sociétés font appel à nous pour leur transition », ajoute Guy Fréchette, associé-directeur du bureau de Montréal.

(À partir de la gauche, debout) Sylvain Vincent, associé-directeur des services financiers aux entreprises du bureau de Montréal; Jean-Claude Lauzon, associé-directeur national TCD; (assis) Guy Fréchette, associé-directeur du bureau de Montréal; Alain Benedetti, vice-président d'Ernst & Young Canada et associé-directeur général de la région du Québec, de l'Atlantique et d'Ottawa; Michel Lanteigne, associé-directeur de la fiscalité pour le Canada.

(From left, standing) Sylvain Vincent, Managing Partner, Financial Advisory Services-Montreal Office; Jean-Claude Lauzon, Partner and National Director TCE; (seated) Guy Fréchette, Managing Partner of the Montreal Office; Alain Benedetti, Vice Chairman of Ernst & Young Canada and Quebec/Atlantic/Ottawa Region Managing Partner; Michel Lanteigne, Partner and National Director of Tax.

### Conseillers d'affaires d'abord et avant tout

Depuis plus de 130 ans, son nom est synonyme d'intégrité. La renommée d'Ernst & Young ne s'est jamais démentie au fil des ans. La Société occupe toujours une place de choix au sein du monde des affaires de Montréal. Elle compte parmi ses clients tant locaux qu'internationaux des sociétés prestigieuses et en pleine croissance, notamment Bombardier, SNC-Lavalin, Noranda, Textron, Métro-Richelieu, Cinar et Télésystème.

« Nous sommes des conseillers d'affaires : comptables, avocats, notaires, ingénieurs, spécialistes en financement, conseillers et informaticiens. Nos clients bénéficient donc

The pace of change, including globalization, convergence, and technological advancement, has created a constant need for objective third-party advice. Very few firms can match the depth and breadth of resources available at Ernst & Young.

Best known for its Assurance and Taxation services, Ernst & Young today is a leader with a diverse array of management and financial expertise within a broad range of industries. "Its consulting practice has also gained a leadership position in the marketplace and increasingly claims center stage," says Jean-Claude Lauzon, Partner and National Director TCE at Ernst & Young.

### A Pillar of Business Counsel

With a name that is synonymous with integrity and a reputation built over 130 years on the basis of rigor and performance, Ernst & Young is a pillar in the Montreal business community. It serves both local and international clients, which include prominent and growing companies, such as Bombardier, SNC-Lavalin, Noranda, Textron, Métro-Richelieu, Cinar, and Telesystem, to name a few.

"We are business advisors: accountants, lawyers, notaries, engineers, financial professionals, consultants, and computer specialists," says Alain Benedetti, Vice Chairman for the firm in Canada. "Given the range of specialized advisory services that we offer, we are effectively a one-stop shop for our clients, providing them with total solutions."

Guy Fréchette, who heads the Montreal office, adds this: "In an era when so many companies are restructuring, a firm like ours is often engaged to help them deal with change. The same holds true on the technology side. The speed of advance in the tools of business has made our information technology practice a vital source of expertise for our clients."

### The Challenge of Change

Transformations in the marketplace also require the firm to assist clients with mergers and acquisitions, divestitures and strategic alliances. Says Sylvain Vincent, Managing Partner, Financial Advisory Services at Ernst & Young: "For example, many companies today are concentrating strategy on their core competency. Subsidiaries and divisions are being sold so that management and capital can be focused on core businesses. Our job is to assemble for clients all the components of transactions that answer such challenges."

d'un guichet unique de services professionnels répondant à leurs besoins », affirme Alain Benedetti, vice-président d'Ernst & Young Canada.

### Le défi du changement

Le marché étant plutôt d'humeur changeante, Ernst & Young aide les sociétés à mener à bien tout projet de fusion, d'acquisition, de désinvestissement ou d'alliance stratégique. « Ainsi, plusieurs entreprises élaborent leur stratégie en fonction de leurs compétences fondamentales. Elles se départissent de leurs filiales ou de leurs divisions afin de se consacrer à leurs activités de base. Notre rôle consiste à réunir tous les éléments clés qui contribueront à la réussite de leur opération », explique Sylvain Vincent, associé-directeur, Services financiers aux entreprises.

Ernst & Young s'appuie aussi sur ses compétences fondamentales, la fiscalité en étant un pilier. « Notre service de fiscalité représente le plus important service en son genre parmi les sociétés de services professionnels », déclare Michel Lanteigne, associé-directeur de la fiscalité pour le Canada. « Notre bureau de Montréal compte toute la gamme des spécialisations en fiscalité. »

Comme en font foi les résultats du sondage annuel auprès des entreprises d'Amérique du Nord publiés dans le numéro d'août dernier de l'*International Tax Review,* Ernst & Young s'est classée au premier rang des sociétés de services professionnels pour ses conseillers chevronnés en fiscalité, et ce, pour la deuxième année consécutive.

Ernst & Young bénéficie d'une visibilité médiatique importante depuis qu'elle a créé le Grand Prix de l'Entrepreneur soulignant l'ingéniosité, le courage et la détermination des entrepreneurs canadiens.

Ernst & Young a toujours joué un rôle actif au sein de la collectivité que ce soit à titre de donatrice ou de commanditaire. Elle parraine entre autres *Pédalez pour les enfants*, une randonnée à bicyclette visant à recueillir des dons pour la Fondation de l'Hôpital de Montréal pour enfants. Depuis six ans, elle a été la société qui a recueilli le plus de fonds lors de cet événement.

Ernst & Young focuses on its core competence as well, with taxation expertise naturally remaining a central component of service. "Our tax department ranks as the largest of its kind among the professional firms," says Michel Lanteigne, Director of Tax for the firm in Canada. "Covering the whole gamut of the tax dimension, we have in the Montreal office a brain trust in knowledge and strategy where tax matters are concerned."

After its annual survey of North American businesses, the *International Tax Review* reported in its August 1998 issue that Ernst & Young was voted the overall top firm in Canada for tax advice for the second consecutive year.

The firm also has gained significant media exposure with its Entrepreneur Of The Year awards program, which supports the entrepreneurial community. This prestigious program was created by Ernst & Young to celebrate the achievements of Canadian entrepreneurs whose ingenuity, tenacity, and hard work have created—and sustained—successful business ventures.

Ernst & Young has always been very responsive to the local community with its sponsorships and donations program. For the last six years, the firm has been the top fund-raising accounting firm in Pedal For Kids, the Montreal Children's Hospital Foundation's bike ride event.

Une partie du groupe de la fiscalité participe à la campagne de financement « Pédalez pour les enfants ».

Part of the Tax group participates in the fund-raising event Pedal For Kids.

(À partir de la gauche) Daniel Langlois, président de Softimage, reçoit le prix de l'entrepreneur de l'année au Québec de Jacques Dostie, associé-directeur national des services d'entrepreneurship d'Ernst & Young. Diane Blais, associée-directeur nationale des communications d'Ernst & Young, présente le trophée du Grand Prix de l'Entrepreneur au maître entrepreneur André Brochu, président du Groupe Brochu-Lafleur.

(From left) Daniel Langlois, President of Softimage, receives the Quebec Entrepreneur Of The Year award from Jacques Dostie, Partner and National Director of Entrepreneurial Services at Ernst & Young. Diane Blais, Partner and National Director of Communications at Ernst & Young presents the Entrepreneur Of The Year award to Master Entrepreneur André Brochu, President of Groupe Brochu-Lafleur.

# Velan inc.
# Velan Inc.

La vocation de Montréal à titre de ville industrielle — c'est-à-dire à titre de métropole où le talent, l'innovation, le sens des affaires et le leadership visionnaire vont de pair — ne peut être mieux illustrée que par l'histoire de Velan inc., le type d'entreprise qui forme l'armature de l'économie d'une ville.

Avec un chiffre d'affaires excédant 300 millions de dollars et près de 1000 employés en Amérique du Nord et environ 400 à l'étranger, Velan est un chef de file mondial parmi les fabricants de valves d'acier industrielles. Depuis sa fondation, l'entreprise a concentré ses énergies sur la conception, la fabrication et la mise en marché de valves d'acier industrielles. Elle fournit ce produit à une multitude de secteurs, entre autres ceux des pâtes et papiers, de l'électricité, du pétrole et du gaz, des produits chimiques et des industries pétrochimiques.

Karel Velan, fondateur et président directeur général de l'entreprise, originaire de Tchécoslovaquie, est arrivé au Canada comme réfugié en 1949. Débordant d'ambition, il avait en tête une idée ingénieuse, celle d'un purgeur à élément bimétallique. En très peu de temps, il a acquis la clientèle des Forces navales des États-Unis et, pendant les trente années qui ont suivi, ce client a acheté de Velan des valves pour plus de 800 navires, incluant toute la flotte nucléaire des forces navales.

L'histoire de Karel Velan est celle d'un homme doté d'une passion pour son produit. Il était et demeure un entrepreneur classique et, dans un domaine où la concurrence est féroce, le

Montreal's vocation as an industrial city—namely as a metropolis where talent, innovation, business acumen, and visionary leadership come together—could not be better exemplified than through the history of Velan Inc., the kind of company that builds the backbone of a city's economy.

As one of the world's leading manufacturers of industrial steel valves, and with annual revenues that exceed $300 million, Velan has close to 1,000 employees in North America and some 400 overseas. Since its founding, the company has focused on a single business: the design, manufacture, and marketing of industrial steel valves. It supplies this technology to a host of diverse sectors, including the pulp and paper, power, oil and gas, chemical, and petrochemical industries.

Karel Velan, the company's founder and CEO, came to Canada as a refugee from Czechoslovakia in 1949. He arrived with soaring ambitions, as well as an ingenious idea for a bimetallic steam trap. Within a short time, he had enlisted the U.S. Navy as a client, and over the next three decades, the U.S. Navy fleet procured valves from Velan for more than 800 ships, including the navy's entire nuclear fleet.

The story of Karel Velan is that of a man with a passion for his product. He was, and remains, a classic entrepreneur. Moreover, in a fiercely competitive environment, only the fact that he has made innovation a tradi-

Avec un chiffre d'affaires excédant 300 millions de dollars et près de 1000 employés en Amérique du Nord et environ 400 à l'étranger, Velan est un chef de file mondial parmi les fabricants de valves d'acier industrielles.

As one of the world's leading manufacturers of industrial steel valves, and with annual revenues that exceed $300 million, Velan has close to 1,000 employees in North America and some 400 overseas.

Velan inc. détient depuis 1991 la certification ISO 9001 de l'Organisation internationale de normalisation. En outre, l'entreprise est réputée tout autant pour l'excellence de son équipe de gestion que pour l'entière fiabilité de ses produits.

Velan Inc. has retained ISO 9001 certification from the International Organization for Standardization since 1991. In addition, the company enjoys as much repute for the excellence of its management team as for the absolute reliability of its products.

seul fait que l'innovation soit devenue la règle d'or de son entreprise peut expliquer la longévité de Velan inc. À l'approche de ses 80 ans, Karel Velan demeure très actif dans l'entreprise avec ses trois fils, Ivan, Peter et Tom, chacun jouant un rôle déterminant.

Aujourd'hui, l'entreprise gère dix usines spécialisées dans sept pays et fournit des valves pour des centaines de projets aux quatre coins du monde. Les qualités suivantes sont à la base de la conception des valves : faibles émissions fugitives, sécurité, fonctionnement aisé et durabilité. Les tailles varient considérablement, pouvant aller du diamètre d'une pièce de dix cents à l'envergure d'un voilier, et le nom « Velan » gravé sur une valve est sans contredit devenu synonyme de qualité dans le monde entier.

Velan inc. détient depuis 1991 la certification ISO 9001 de l'Organisation internationale de normalisation. En outre, l'entreprise est réputée tout autant pour l'excellence de son équipe de gestion que pour l'entière fiabilité de ses produits. Velan inc. a reçu de nombreux prix et mentions qui reconnaissent son rôle tant à titre d'important exportateur qu'à titre de l'une des 50 entreprises les mieux gérées au Canada. Avec raison, le magazine *Canadian Business* a honoré Karel Velan en tant qu'entrepreneur québécois de l'année en 1996.

Le défi de Velan inc. est de toujours être parfaitement au fait du marché mondial, d'améliorer sans cesse ses produits, même les simples valves d'usage courant, et de produire ces valves à prix concurrentiel. À l'approche de son cinquantenaire, l'entreprise est toujours fidèle à la philosophie d'innovation qui l'a mise au monde.

tion at his company could account for Velan Inc.'s longevity. Now approaching 80, Karel Velan stays actively involved in the business with his three sons, Ivan, Peter, and Tom, each playing key roles.

Today, the company operates 10 specialized plants in seven countries, and supplies valves for hundreds of projects around the world. The valves are designed with an emphasis on low fugitive emissions, safety, ease of operation, and long service life. They range in size from the diameter of a dime to the span of a sailboat, and the name "Velan" engraved on a valve has become an unmistakable mark of quality around the world.

Velan Inc. has retained ISO 9001 certification from the International Organization for Standardization since 1991. In addition, the company enjoys as much repute for the excellence of its management team as for the absolute reliability of its products. Velan Inc. has won numerous awards and citations that recognize its roles, both as a substantial exporter and as one of Canada's 50 best-managed companies. Fittingly, Karel Velan was honoured as Quebec's entrepreneur of the year for 1996 by *Canadian Business* magazine.

The challenge at Velan Inc. is a constant one of knowing the global market intimately; introducing enhancements, even in standard commodity-type valves; and then producing those valves at competitive prices. Approaching its golden anniversary, the company's philosophy clearly remains faithful to the inventive drive that gave it birth.

# Les Rôtisseries St-Hubert Ltée
# St-Hubert Bar-B-Q Ltd.

Notre spécialité: le poulet rôti à la broche et les délicieuses côtes levées (angle supérieur droit)

Our specialty: spit-roasted chicken and delicious back ribs (top right)

Pour un tête-à-tête ou une rencontre entre amis, le Café-Bar St-Hub est tout indiqué (angle inférieur droit).

For an intimate dinner for two or with friends, the St-Hub café-bar is a must (bottom right).

La première rôtisserie St-Hubert au 6355 rue St-Hubert, à Montreal (gauche).

The first St-Hubert rotisserie at 6355 St-Hubert Street in Montreal (left).

À Montréal, depuis un demi siècle, St-Hubert est synonyme du meilleur poulet rôti à la broche. Le fameux coq au nœud papillon qui domine chaque rôtisserie est le symbole d'un accueil chaleureux, d'une cuisine savoureuse, et d'un service attentif.

L'histoire de St-Hubert est celle d'une entreprise familiale qui a prospéré grâce aux idées novatrices de ses fondateurs et à leur souci constant de la qualité.

## Une recette pas comme les autres !

La toute première rôtisserie a vu le jour en 1951 sur la rue St-Hubert. Aujourd'hui, une centaine de rôtisseries St-Hubert sont réparties entre le Québec, l'Ontario, et le Nouveau Brunswick.

Hélène et René Léger, les fondateurs de l'entreprise, ont vite appris à combiner recettes traditionnelles et méthodes novatrices. Ils furent les premiers restaurateurs au Canada à offrir un service de livraison à domicile et les premiers à utiliser la publicité télévisée.

Le poulet, toujours frais et de première qualité, est rôti

When thoughts turn to first-quality, spit-roasted chicken in Montreal, the name most likely to come to mind is St-Hubert. The famous bow-tied rooster cheerfully perched above each restaurant is synonymous with a warm greeting, savory cuisine, and attentive service. St-Hubert is a family enterprise that flourished because of its founders' knack for marketing and constant attention to quality.

## A Unique Recipe

The first restaurant opened in 1951 on St-Hubert Street. Today, nearly 100 St-Hubert restaurants dot Quebec, Ontario, and New Brunswick's landscapes.

Hélène and René Léger, the founders of the company, quickly learned to combine traditional recipes with innovative approaches. They were the first restaurateurs in Canada to offer a home delivery service and the first ones to advertise on television.

Always fresh and of prime quality, the chicken is slowly roasted until its skin is golden and crispy; some 20 million clients are served annually in the chain's rotisseries. St-Hubert's menu is also renowned for its delicious Bar-B-Q sauce, which is served with chicken, fries, and a bun. Customers

lentement à la broche jusqu'à ce que la peau soit dorée et croustillante. Résultat: quelque 20 millions de clients servis annuellement dans les rôtisseries du réseau. Le menu St-Hubert est également réputé pour sa succulente sauce Bar-B-Q qui accompagne le poulet, les frites, et le petit pain. Les clients ont également le choix de commander des côtes levées, des sandwiches, des soupes, des salades ou d'alléchants desserts.

### Une chaîne de restaurants unique en son genre

Une rôtisserie accueille en moyenne 300 personnes. Les salles à manger offrent toutes le même confort et la même qualité de produits. St-Hubert propose une ambiance adaptée à des besoins et à des attentes variés : café-bar, terrasse ou coin pour enfants. Les rôtisseries disposent aussi d'un comptoir pour commandes à emporter.

À travers les années, l'engagement de St-Hubert est demeuré le même : offrir la meilleure qualité qui soit avec un sourire !

St-Hubert offre à sa clientèle une expérience unique: un accueil des plus attentionnés, une ambiance chaleureuse et conviviale, un service hors pair et des plats toujours savoureux. L'entreprise offre le meilleur rapport qualité-quantité-prix. Sa passion : satisfaire le client !

can also order back ribs, sandwiches, soups, salads, or mouth-watering desserts.

### A Chain of Restaurants Without Equal

Each rotisserie welcomes an average of 300 customers. All dining rooms offer the same comfort and the same quality of products. St-Hubert has adapted to the clientele's diverse needs and expectations and offers a café-bar, a terrace, and an activity corner for children. Customers may also order from a take-out counter.

Through the years, St-Hubert's commitment has remained the same: to ensure the best quality, offered with a smile. St-Hubert bestows its clientele with a unique experience consisting of an exceptional greeting, a warm and friendly atmosphere, outstanding service, and savory meals. The company offers the best quality-quantity-price ratio. St-Hubert's passion is customer satisfaction.

Le fameux coq Hubert au noeud papillon vous souhaite la bienvenue (gauche).

Hubert, the famous bow-tied rooster, welcomes the customer (left).

Des plats appétissants, de grande qualité, servis avec l'accompagnement de votre choix (droite).

Mouth-watering meals are served with the customer's choice of trimmings, and are always fresh (right).

# Pfizer Canada Inc.

Pfizer est un des plus grands investisseurs au monde dans la recherche et le développement de produits pharmaceutiques (angle inférieur gauche).

Pfizer is one of the world's largest investors in pharmaceutical research and development (bottom left).

Plus que pour n'importe quel autre produit ou presque, la fabrication d'un médicament doit s'effectuer correctement, chaque fois. La vie des gens en dépend véritablement (angle supérieur droit).

More than almost any other product, the manufacturing of a medicine must be done right every time. People's lives, quite literally, depend on it (top right).

Parmi les nouveaux produits Pfizer, on compte le premier médicament approuvé au Canada pour le traitement symptomatique de la maladie d'Alzheimer, des médicaments pour le traitement des maladies cardiovasculaires, de nouveaux antibiotiques et antifongiques, de même qu'un des antidépresseurs les plus prescrits (angle inférieur droit).

Among the new products by Pfizer is the first medicine approved in Canada to treat the symptoms of Alzheimer's disease, medicines to treat cardiovascular ailments, new antibiotic and anti-fungal medications, and a leading anti-depressant (bottom right).

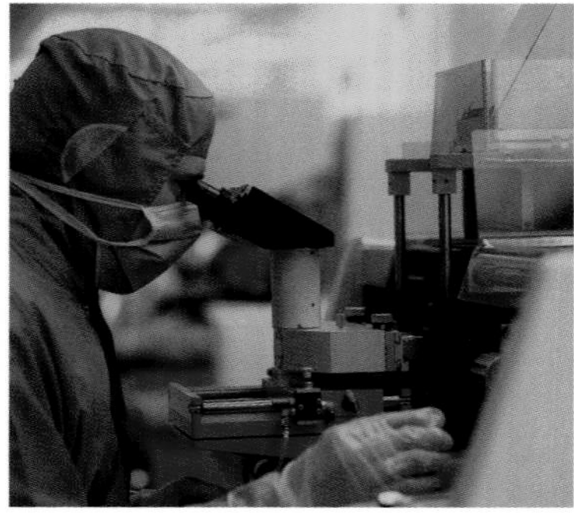

Jadis au nombre des petites entreprises pharmaceutiques canadiennes, Pfizer Canada Inc. est devenue un chef de file de cette industrie après avoir connu une croissance spectaculaire au cours des années 90. Pfizer, dont le siège social canadien est situé depuis 1975 à Kirkland, en banlieue de Montréal, partage avec les Canadiens le fruit de ses activités mondiales de recherche et de développement afin de répondre à des besoins dans le domaine de la santé.

« La raison d'être de Pfizer est de découvrir et de commercialiser des médicaments novateurs, qui offrent à tous la possibilité de vivre plus longtemps tout en continuant de jouir d'une bonne santé et de mener une vie active, explique M. Alan Bootes, président et chef de la direction de Pfizer Canada Inc. La vision de Pfizer Canada est de devenir l'entreprise pharmaceutique la plus performante et la plus respectée au Canada, d'ajouter M. Bootes. C'est un objectif de taille que nous sommes toutefois en bonne voie d'atteindre. »

Petite usine de produits chimiques fondée à New York en 1849, Pfizer a pris de plus en plus d'importance comme fournisseur de l'industrie alimentaire et de l'industrie pharmaceutique, laquelle prenait alors son envol. La participation directe de l'entreprise dans la mise au point de médicaments s'est amorcée durant la Deuxième Guerre mondiale, alors que Pfizer fut la première société à réaliser la production de masse de la pénicilline, qualifiée alors de médicament miracle. Forte de cet accomplissement, Pfizer a commencé, au cours des années 50, à mettre au point ses propres médicaments, dont le nouvel antibiotique Terramycin. Constituée en 1953, Pfizer Canada a été une des premières filiales de Pfizer à l'étranger, donnant ainsi l'élan à une expansion à l'échelle mondiale.

Aujourd'hui, Pfizer Canada fait partie d'une entreprise dont les activités, axées sur la recherche, se déroulent dans plus de 150 pays. Pfizer est un des plus grands investisseurs au monde dans la recherche et le développement de produits pharmaceutiques. Au

Once a relatively minor player on the Canadian pharmaceutical scene, Pfizer Canada Inc. has grown spectacularly during the 1990s to become one of the industry's leaders. From its headquarters in the Montreal suburb of Kirkland, where it has been based since 1975, Pfizer has been bringing to Canadians the fruits of the company's global commitment to research and development in meeting unmet medical needs.

"Pfizer's mandate is to discover and bring to market new medicines that will help people live longer, healthier, and more productive lives," says Alan Bootes, President and CEO of Pfizer Canada Inc. "Our Canadian vision is to become the most successful, most respected pharmaceutical company in Canada. It's a challenging goal, but one we are well on the way to achieving."

Founded in New York in 1849 as a fine chemicals company, Pfizer grew steadily as a supplier to the food industry and the fledgling pharmaceutical sector. The company's direct participation in drug development began during World War II, when it pioneered the mass production of the "wonder drug" penicillin. Following that landmark achievement, Pfizer began developing its own medicines, including the new antibiotic Terramycin in the 1950s. In 1953, Pfizer Canada became one of the company's first international affiliates, launching the company to its current global stature.

Today, Pfizer Canada is part of a research-based organization that operates in more than 150 countries. Pfizer is one of the world's largest investors in pharmaceutical research and development.

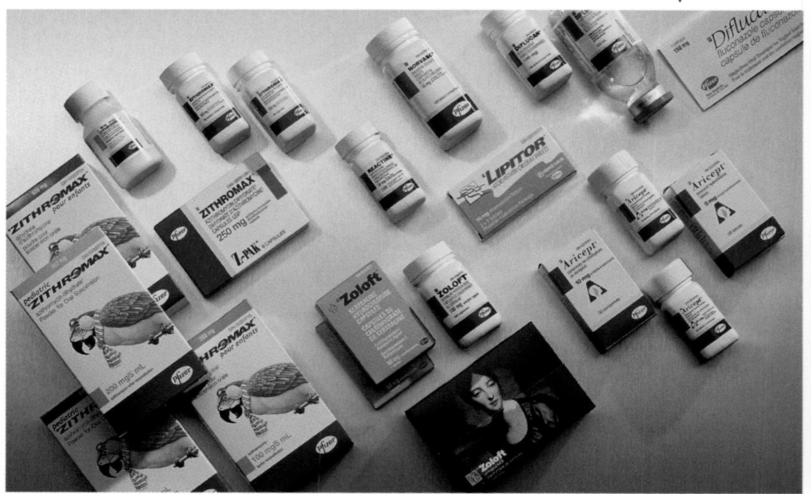

Canada seulement, ces investissements ont septuplé au cours des six dernières années. Des essais cliniques sur de nouveaux médicaments subventionnés par Pfizer Canada ont lieu dans des hôpitaux, des universités et des centres de recherche partout au pays. Ces investissements permettent aux meilleurs chercheurs à l'échelle nationale de mettre à contribution leurs compétences ici même au Canada et, ainsi, de faire profiter la population canadienne des progrès les plus prometteurs en matière de nouveaux médicaments.

Parmi les nouveaux produits Pfizer dont peuvent déjà profiter les Canadiens, on compte le premier médicament approuvé au Canada pour le traitement symptomatique de la maladie d'Alzheimer, des médicaments bien tolérés pour le traitement des maladies cardiovasculaires telles l'hypertension, l'angine de poitrine et l'hypercholestérolémie, de nouveaux antibiotiques et antifongiques, de même qu'un des antidépresseurs les plus prescrits. À cette gamme de produits s'ajoutera notamment de nouveaux médicaments pour traiter la schizophrénie, la dysfonction érectile, l'arythmie, l'arthrite, la migraine et le diabète.

Le Groupe des soins de la santé de Pfizer offre aux Canadiens des produits en vente libre de qualité, en particulier l'antihistaminique Reactine ainsi que GyneCure, pour le traitement des infections à levures chez la femme, les gouttes pour les yeux Visine, la crème pour bébé Desitin et l'onguent BenGay. Le Groupe de la santé animale constitue la troisième division de Pfizer. Son rôle est d'offrir des produits novateurs pour le traitement des animaux d'élevage et de compagnie.

Le maintien d'une bonne santé nécessite plus que des comprimés. C'est pourquoi Pfizer s'est engagée à favoriser d'autres aspects des soins de santé en parrainant divers programmes d'information destinés aux patients et aux médecins dans les domaines thérapeutiques qu'elle explore. Par l'entremise de son Programme de partenariat communautaire, Pfizer contribue également de diverses façons à des œuvres charitables et à l'essor d'organismes à visée communautaire ou éducative dans l'ensemble du pays.

Puisque les nouvelles technologies et les découvertes continuent d'élargir les possibilités d'innovation dans le domaine des soins de santé, Pfizer est en bonne position pour devenir un chef de file au cours du prochain siècle, et le demeurer.

In Canada alone, the company's R and D investments have grown sevenfold in the past six years. Clinical trials of new medicines funded by Pfizer Canada take place in hospitals, universities, and research facilities across the country. These investments enable the nation's top clinicians to apply their research skills and expertise in Canada, while bringing to Canadians the most promising new medical advances.

Among the new products brought to Canadians by Pfizer is the first medicine approved in Canada to treat the symptoms of Alzheimer's disease; well-tolerated medicines to treat cardiovascular ailments such as high blood pressure, angina, and high cholesterol; new antibiotic and anti-fungal medications; as well as a leading anti-depressant. Other products in Pfizer's growing portfolio include new treatments for schizophrenia, erectile dysfunction, irregular heartbeat, arthritis, migraine headache, and diabetes.

Pfizer also has a Consumer Health Care division providing Canadians with quality nonprescription medicines, including the allergy medication Reactine, GyneCure for women's yeast infections, Visine eye drops, Desitin baby cream, and BenGay ointment. The Animal Health Group is Pfizer's third operating division, providing innovative healthcare solutions for both livestock producers and pet owners.

Good health requires more than just medicine. Pfizer is dedicated to contributing to other aspects of healthcare by sponsoring a variety of patient and physician education programs in the therapeutic areas that its medicines treat. Through its Community Partnership Program, Pfizer also contributes to charitable, community, and education-related groups across Canada in a variety of ways.

As new technologies and discoveries keep broadening the opportunities for healthcare innovation, Pfizer is well positioned to become and remain a leader in the new century.

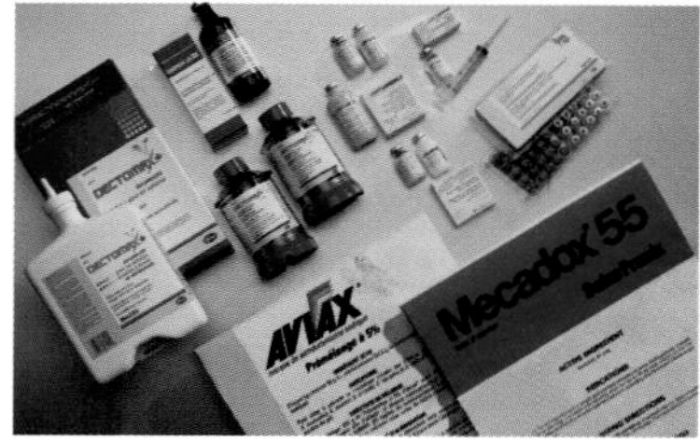


M. Alan Bootes, président et chef de la direction de Pfizer Canada Inc. ainsi que les membres du Conseil de direction (gauche).

Alan Bootes, President and CEO of Pfizer Canada Inc., with members of the Board of Directors (left)

Certains produits Pfizer offerts en vente libre incluent l'antihistaminique Reactine, GyneCure pour le traitement des infections à levures chez la femme, les gouttes pour les yeux Visine, la crème pour bébé Desitin et l'onguent BenGay (angle supérieur droit).

Some of Pfizer's non-prescription medicines include the allergy medication Reactine, GyneCure for women's yeast infections, Visine eye drops, Desitin baby cream, and BenGay ointment (top right).

Le Groupe de la santé animale offre des produits novateurs pour le traitement des animaux d'élevage et de compagnie (angle inférieur droit).

The Animal Health Group provides innovative healthcare solutions for both livestock producers and pet owners (bottom right).

# Le Reine Elizabeth
# The Queen Elizabeth Hotel

Le Reine Elizabeth constitue en effet le point central de Montréal. La cuisine du Reine Elizabeth a aussi mérité de nombreux prix et elle a contribué à établir la réputation gastronomique de Montréal.

The Queen Elizabeth effectively serves as the capital of Montreal. The Queen Elizabeth's cuisine also wins awards and has helped establish Montreal's gastronomic reputation.

Dans chaque ville on trouve des édifices qui sont plus que de la brique et du mortier. Ce sont des endroits qui vont au-delà de la simple utilité et s'inscrivent dans l'esprit et le patrimoine d'une société. À Montréal, le Reine Elizabeth est l'un de ces endroits. Qui, à Montréal, n'a jamais assisté à un grand événement dans cet hôtel ou n'y a jamais pris un repas mémorable? « Je vous retrouve au Reine Elizabeth! » est une phrase qui s'entend tous les jours. Et c'est ainsi depuis près de quatre décennies. Le Reine Elizabeth constitue en effet le point central de Montréal.

On ne peut s'étonner que le Reine Elizabeth soit décrit comme une ville en soi. Grouillants de visiteurs de tous les coins du monde, le hall et les promenades de l'hôtel battent sans cesse au rythme de l'élégance et du dynamisme urbain. Entouré des grands immeubles à bureaux de Montréal, surmontant le centre névralgique de son célèbre réseau souterrain de boutiques et situé juste à côté de la gare de chemins de fer, le Reine Elizabeth ne connaît jamais de temps mort. Tous les jours, les 750 employés de l'hôtel — qui à eux tous parlent plus d'une vingtaine de langues — accueillent environ 2000 personnes. Les 1020 chambres comptent une centaine de suites et six catégories de service, et toutes ont été aménagées pour recevoir des gens d'affaires. Dans les trois restaurants et les dizaines de salles de réunion

In every city, there are some buildings that transcend brick and mortar. They are places that rise above mere function and become part of the mood and heritage of a community. In Montreal, one such place is the Queen Elizabeth Hotel. It would be difficult to find a resident of Montreal who has not attended an important event at the hotel or enjoyed a memorable meal there. "I'll meet you at the Queen E." is part of the everyday language of the city. It has been so for nearly four decades: The Queen Elizabeth effectively serves as the capital of Montreal.

It's no wonder that people describe the Queen Elizabeth as a city unto itself. Thronged with visitors from around the globe, the hotel's lobby and concourses beat with urban sophistication and dynamism. In the midst of Montreal's office towers—straddling the core of its famed underground city—and next door to the downtown railway station, the action never stops. On any given day, the Queen Elizabeth's 750 employees (who share two dozen languages) host approximately 2,000 guests. The hotel's 1,020 rooms include 100 suites and six classes of service. All the rooms have been specially equipped for business travellers. In the Queen Elizabeth's three restaurants and dozens of meeting halls, upwards of 2,500 meals are served daily.

Since it opened in 1958, the Queen Elizabeth has laid claim to being the largest convention hotel in the city, and was actually designed with conventions in mind. Winner of the coveted Golden Key Award from the Association of Convention and Meeting Planners, the Queen Elizabeth's meeting halls and banquet rooms are all situated on a single level, and many of the halls are windowed. The hotel was chosen as the command centre for the organizing committee of the 1976 Olympics, and during Expo '67, it was designated the event's official hospitality site.

The Queen Elizabeth's cuisine also wins awards and has helped establish Montreal's gastronomic reputation. The legendary Beaver Club, where power lunches and refined dinners are the norm, has been a winner for three consecutive years of the Mobil Travel Guide Five-Star Award. Executive Chef John K. Cordeaux credits his staff of 80 and the

de l'hôtel, on sert quotidiennement plus de 2500 repas.

Depuis qu'il a ouvert ses portes en 1958, le Reine Elizabeth se veut le plus important hôtel de congrès de la ville, et il a été conçu dans cette optique. Il a d'ailleurs obtenu le trophée de la Clef d'or décerné par l'Association of Convention and Meeting Planners. Ses salles de réunion et ses salles de réception sont toutes regroupées sur le même étage et un grand nombre d'entre elles offrent une vue sur l'extérieur. Le comité organisateur des Jeux olympiques de 1976 y avait installé son poste de commande et, durant l'Expo '67, le Reine Elizabeth a été désigné l'hôtel officiel de l'événement.

La cuisine du Reine Elizabeth a aussi mérité de nombreux prix et elle a contribué à établir la réputation gastronomique de Montréal. Le légendaire Beaver Club, où se prennent les déjeuners d'affaires et les dîners raffinés, a obtenu pendant trois années consécutives le prix cinq étoiles du Mobil Travel Guide. Le chef John K. Cordeaux attribue cet honneur au personnel des cuisines, composé de 80 employés, et au souci d'excellence du Reine Elizabeth. Un seul autre établissement au Canada et 16 en Amérique du Nord ont été honorés de ces cinq étoiles.

Depuis 1988, le Reine Elizabeth fait partie des hôtels Canadien Pacifique, la plus grande entreprise d'exploitation directe d'hôtels du Canada. Ses 34 propriétés à valeur patrimoniale au Canada, aux États-Unis, au Mexique, à la Barbade et aux Bermudes constituent l'un des plus grands ensembles d'hôtels de marque dans le monde. Dans l'est du Canada, ils comprennent l'historique Château Frontenac à Québec, le Manoir Richelieu à Charlevoix, le Château Laurier à Ottawa, le nouveau Château Mont Tremblant au centre de ski le plus réputé du Québec et le rustique Château Montebello (la plus imposante construction en rondins du monde) sur les bords de la rivière des Outaouais.

Richard Payette, directeur général du Reine Elizabeth, affirme : « Quand les gens parlent des hôtels Canadien Pacifique, ils ne parlent pas d'une chaîne ou de propriétés. Ils parlent de l'histoire du Canada, de leur patrimoine. C'est là que séjournent les rois et les reines et que se tiennent les événements marquants. C'est comme si tous les Canadiens étaient un peu propriétaires de ces établissements. » Fier de sa tradition de distinction et de sa renommée, le Reine Elizabeth s'enorgueillit de demeurer l'un des joyaux de Montréal.

Queen Elizabeth's commitment to excellence. Only one other establishment in Canada and 16 in all of North America share the Five-Star Award honour.

Since 1988, the Queen Elizabeth has been part of Canadian Pacific Hotels, the largest owner-operated hotel company in Canada. Its 34 heritage properties in Canada, the United States, Mexico, Barbados, and Bermuda form one of the largest collections of landmark hotels in the world. In eastern Canada, they include the storied Château Frontenac in Quebec City, Le Manoir Richelieu in Charlevoix, the Château Laurier in Ottawa, the new Château Mont Tremblant at Quebec's finest ski resort, and the rustic Château Montebello (the largest log structure in the world) along the bank of the Ottawa River.

Richard Payette, General Manager of the Queen Elizabeth, says, "When people talk about the hotels of Canadian Pacific, they don't speak about a chain or about assets. This is the history of Canada. This is their heritage. Here is where kings and queens stay, and where momentous events take place. It is as if all Canadians share in owning these properties." Holding steadfast to elegant tradition and the lustre of its name, the Queen Elizabeth Hotel constantly affirms its place as a jewel in Montreal's crown.

Tous les jours, les 750 employés de l'hôtel — qui à eux tous parlent plus d'une vingtaine de langues — accueillent environ 2000 personnes. Les 1020 chambres comptent une centaine de suites et six catégories de service.

On any given day, the Queen Elizabeth's 750 employees (who share two dozen languages) host approximately 2,000 guests. The hotel's 1,020 rooms include 100 suites and six classes of service.

◆ © ROBIN EDGAR

1960 Le Réseau TVA / The TVA Network

1961 CFCF-12

1965 Quebecor Inc.

1967 Le Marriott Château Champlain / The Marriott Château Champlain

1975 Canderel limitée / Canderel Limited

1976 CGI

1978 Grand Prix Air Canada / Air Canada Grand Prix

1982 Via Route Inc.

700 chevaux, et elles pèsent environ 600 kilogrammes — beaucoup moins qu'une voiture de tourisme. Leur niveau de développement technologique leur permet un temps d'accélération et de décélération fulgurant. Les pilotes de Formule 1 sur le circuit Gilles-Villeneuve effectuent 70 tours à une vitesse moyenne de 180 kilomètres à l'heure, et peuvent atteindre une vitesse de pointe de 300 kilomètres à l'heure.

### Au grand plaisir des spectateurs

Le Grand Prix, un événement de trois jours, a de quoi couper le souffle. Il attire près d'un quart de million de spectateurs. Montréal est une destination particulièrement attrayante pour les *aficionados* de la course automobile, vu son cachet franchement européen. Et parce que Montréal est une ville cosmopolite, le Grand Prix éveille les mêmes sentiments nationalistes chez les communautés ethniques que la Coupe du monde de soccer, et l'événement a tout d'un méga rassemblement ethnique.

Les visiteurs du Grand Prix Air Canada sont choyés à plus d'un égard. Il y a d'abord le prix du billet, qui demeure le moins cher des courses de Formule 1, ensuite les tarifs des hôtels de Montréal, qui eux aussi, sont toute une aubaine. Comme la piste se trouve à proximité du centre-ville, s'y rendre est d'autant plus facile. Parmi les 17 sites des Grand Prix disputés dans le monde, celui de Montréal est le seul auquel on puisse accéder par métro. L'orientation des gradins est digne d'un fin stratège car où qu'ils soient placés, les spectateurs sont dans le feu de l'action.

Regardée par plus de 300 millions de téléspectateurs dans 130 pays, la course fait tout un battage publicitaire autour de Montréal. Les quelque 75 000 nuitées dans les hôtels et les dépenses des touristes, des équipes de Formule 1 et de diffusion de l'événement injectent jusqu'à 75 millions $ dans l'économie montréalaise. Reconnu comme l'une des plus grandes épreuves automobiles au monde, le Grand Prix Air Canada fait et continuera de faire le bonheur des pilotes, des amateurs et des téléspectateurs partout sur la planète, et d'auréoler Montréal de gloire.

European city in North America. Because of Montreal's unique cosmopolitan population mix, the Grand Prix engenders the same nationalistic feelings of pride in ethnic communities as the World Cup for soccer. The event is like a giant reunion for many different ethnic communities.

Visitors to the Air Canada Grand Prix enjoy a number of advantages. The price of a ticket is still the lowest among F-1 races worldwide, and Montreal's hotel rates remain one of the best bargains in the world. The venue is easily accessible, as the track is located close to the heart of downtown. Of the world's 17 Grand Prix sites, Montreal's is the only one served by a subway station. At the race itself, the grandstands have been positioned with strategic cunning, and are designed to deliver the maximum drama for those in attendance. Spectators find themselves as close to the action as at any track in the world.

Watched by more than 300 million television viewers in 130 countries, the race provides Montreal with tremendous worldwide exposure. Moreover, with some 75,000 hotel overnight stays generated by the event and the expenditures of tourists, F-1 teams, and broadcast crews, the city's economy receives a boost of up to $75 million. As one of the world's finest automobile races, the Air Canada Grand Prix will continue providing a platform for racers, sporting fans, and television viewers from around the globe, capturing Montreal in one of its greatest moments of glory.

▶ CHARLES GAUTHIER

Le vainqueur du Grand Prix du Canada 1997, Michael Schumacher

The winner of the 1997 Grand Prix of Canada was Michael Schumacher.

# Via Route Inc.

On pourrait lui donner le titre d'ambassadeur de l'esprit d'initiative entre toutes les compagnies montréalaises. Via Route Inc. n'a-t-elle pas affronté les multinationales du secteur de la location de voitures et réussi à se tailler rapidement une part impressionnante du marché ? Une entreprise fructueuse en bout de ligne et fondée uniquement sur le sens du risque et la certitude de pouvoir arriver à quelque chose.

Mus par leur amour des automobiles, les frères Pierre et Michel Laplante et leur partenaire Dan Marino ont présidé au succès des quelque 16 années d'histoire de Via Route, la plus grande compagnie québécoise de location de voitures et de camions au Québec. Via Route possède aujourd'hui 26 bureaux dans la province, dont 15 à Montréal. Depuis sa création, les revenus de la compagnie Québécoise augmentent de plus de 20 p. 100 en moyenne chaque année.

La recette réside dans la concurrence faite aux multinationales, selon Dan Marino. « Il faut être différent d'elles, penser davantage au consommateur, et demander moins cher . . . bref, être les meilleurs. »

### Le créneau gagnant

Via Route a été la première compagnie de location de voitures à ouvrir ses portes dans un quartier résidentiel. C'était en 1982. À cette époque, si vous vouliez louer une voiture, vous deviez vous rendre au centre ville ou à l'aéroport parce qu'il n'y avait pas de bureau de location dans les quartiers ni en banlieue.

No company in Montreal better exemplifies the entrepreneurial spirit than Via Route Inc. This is a company that went head to head against established multinationals in the rental car business, yet quickly carved an impressive place for itself in the market. Via Route's growth trajectory is rooted entirely in a sense of venture and a can-do attitude.

Attracted to the industry by their love of the automobile, brothers Pierre and Michel Laplante and partner Dan Marino have, over the 16-year history of Via Route, built the largest Quebec-based car and truck rental company in the province. Via Route now boasts 26 locations throughout Quebec, including 15 in Montreal. The company has enjoyed average revenue growth in excess of 20 percent annually since year one.

How was it done? "Going up against the multinationals," says Dan Marino, "you've got to be different, you've got to be more consumer conscious, you've got to be less expensive—you've got to be better."

### Finding a Niche

Via Route found its initial niche by being the first rental car company to open shop in a neighbourhood. Before its opening in 1982, if residents wanted to rent a car, they had to go downtown or to the airport. The suburbs were underserved.

Mus par leur amour des automobiles, les frères Pierre et Michel Laplante et leur partenaire Dan Marino ont présidé au succès des quelque 16 années d'histoire de Via Route, la plus grande compagnie québécoise de location de voitures et de camions au Québec.

Attracted to the industry by their love of the automobile, brothers Pierre and Michel Laplante and partner Dan Marino have, over the 16-year history of Via Route, built the largest Quebec-based car and truck rental company in the province.

▼▲ Réjean Meloche

« Nous avons été les premiers à penser à monsieur et à madame tout-le-monde, » explique Marino. « Aux gens qui n'ont pas de voiture ou qui ont laissé la leur au garage. Il y avait un besoin à combler et nous nous en sommes chargés avec l'aide des compagnies d'assurance. Ça été notre point de départ. »

Aujourd'hui, Via Route procure du travail à quelque 200 personnes et fait des affaires dans tous les secteurs de la location de voitures et de camions. Environ 70 p. 100 de sa flotte se compose d'automobiles et de fourgonnettes, le reste de camions de déménagement et de livraison allant des camionnettes à petit panneau coulissant aux camions de cinq tonnes avec boîte de 26 pieds et monte-charge hydraulique.

Mais c'est sur le marché des entreprises toutefois où Via Route fait le plus concurrence aux entreprises de location de voitures traditionnelles. De nombreuses organisations ont adopté Via Route, d'ailleurs les contrats avec les entreprises forment une part croissante du chiffre d'affaires. La compagnie propose même aux entreprises de services, la location de flottes de véhicules à moyen et à long terme.

### Votre voiture est prête monsieur, madame . . .

« Que vous louiez une voiture ou un camion », fait remarquer Marino, « vous obtiendrez un véhicule semblable peu importe avec quelle compagnie vous faites affaire. C'est le service et c'est le prix qui font toute la différence. Nous nous identifions beaucoup à notre clientèle, et c'est la même chose dans tous nos bureaux franchisés. Nous sommes ultra flexibles et nous comprenons les besoins de nos clients. En plus, nous avons une affinité profonde avec le produit que nous livrons. Nous aimons les véhicules, mais nous aimons encore plus confier le volant à quelqu'un d'autre. »

Les camions noirs et jaunes de Via Route, d'une propreté notoire, sont peut-être sa marque de commerce la plus vibrante au Québec. Parce qu'elle évolue dans un secteur où la concurrence se fait extrêmement vive, la compagnie tire une fierté des résultats des sondages de l'industrie sur le rapport coût-efficacité, qui, tous, lui attribue la première place.

« C'est précisément ce que nous voulons », déclare Marino, « procurer le meilleur service de location de véhicules possible au prix le plus attrayant qui soit. »

"We were the first to target Mr. and Mrs. Average Citizen," says Marino. "We catered to the customer who doesn't own a car, or whose car is in the garage for repairs. We effectively launched the replacement car business here, and developed it with the insurance companies. That niche gave us a running start."

Today, Via Route, employing some 200 people, operates in all fields of the car and truck rental business. Approximately 70 percent of its fleet is comprised of automobiles and passenger vans. The company's moving and delivery vehicles range from small panel vans to five-tonne trucks with 26-foot boxes and hydraulic tailgates.

Via Route's ongoing incursion into the corporate market, however, forms its greatest challenge to the traditional car rental companies. Numerous organizations have opened accounts with Via Route, and corporate contracts form a steadily increasing share of its business. The company also has fleet leasing agreements with service providers in a diverse array of sectors.

### Putting People behind the Wheel

"Whether you're renting a car or truck," notes Marino, "the vehicle is similar no matter where you obtain it. So the emphasis for winners in this market must be on service and price. As a franchise organization, all of our locations identify closely with their clientele. We've got tremendous flexibility, and we understand our customers. Moreover, we maintain a deep affinity for the product. We enjoy working with vehicles, and we enjoy putting people behind the wheel."

Via Route is perhaps best identified throughout Quebec by its distinctive black-and-yellow trucks, which are always exceptionally clean. Operating in a business where rates are extremely competitive, the company takes pride in the results of industry surveys on cost effectiveness, which consistently cite Via Route as the least expensive.

Says Marino, "That is where we want to position ourselves. We run our organization with the idea of providing the best possible vehicle-rental service at the industry's most attractive price."

▸ Réjean Meloche

▸ Réjean Meloche

Aujourd'hui, Via Route procure du travail à quelque 200 personnes et fait des affaires dans tous les secteurs de la location de voitures et de camions. Environ 70 p. 100 de sa flotte se compose d'automobiles et de fourgonnettes.

Today, Via Route, employing some 200 people, operates in all fields of the car and truck rental business. Approximately 70 percent of its fleet is comprised of automobiles and passenger vans.

# Le Groupe financier Norshield
# Norshield Financial Group

Le Groupe financier Norshield doit sa croissance rapide à la réputation qu'il s'est acquise de dépasser les normes de l'industrie. Cette entreprise de services financiers, établie à Montréal depuis 1984, offre un ensemble de nouvelles stratégies d'avant-garde en matière de placement personnel, commercial et institutionnel extrêmement rares sur le marché.

L'entreprise se distingue par son habileté à combiner trois disciplines de gestion et à en maximiser l'intégration afin de produire des stratégies à haut rendement. « Nous sommes des planificateurs financiers, des gestionnaires d'actifs et des spécialistes des services bancaires d'investissement, explique John Xanthoudakis, fondateur et chef de la direction de Norshield. La combinaison de ces trois disciplines produit des synergies qui nous permettent d'offrir à nos clients des produits personnalisés, une excellente gestion du risque et des rendements élevés et stables. »

Grâce à sa propre activité et à son réseau d'alliances stratégiques, Norshield est en mesure de mettre à la disposition de ses clients un éventail de services financiers. Indépendante des grandes institutions, Norshield a établi des collaborations avec des fiducies, des banques et des courtiers en valeurs mobilières parmi les plus réputés, qui lui permettent de personnaliser ses services et d'offrir la gamme précise de produits et services qui convient à chaque investisseur.

Norshield compte parmi ses clients tous les types d'investisseurs, notamment des professionnels, des entrepreneurs et des dirigeants de grandes sociétés. Les services dont ils ont besoin vont des conseils d'achat d'actions, d'obligations et de fonds d'investissement pour leur portefeuille personnel, aux services plus complexes touchant le financement de sociétés et les transactions sur titres.

Des gens fortunés s'adressent à Norshield pour avoir accès à des investissements non traditionnels, tels les titres sous-évalués, les programmes d'arbitrage, les marchés à terme, les devises étrangères, les titres hypothécaires et les opérations de vente à découvert. Ces stratégies spécialisées, qui exigent une grande expertise, ne sont pas corrélées aux marchés obligataires et boursiers traditionnels. Ces nouvelles formules d'investissement ajoutent de la diversité à un portefeuille et constituent des valeurs refuges contre la volatilité générale, c'est-à-dire qu'elles procurent la flexibilité nécessaire pour tirer parti des marchés en croissance ou en déclin.

The mushrooming growth of the Norshield Financial Group is rooted in the firm's track record of going beyond the norm. This financial services company, established in Montreal in 1984, offers a mix of leading-edge alternative strategies for personal, corporate, and institutional investment that is extremely rare in the market.

The firm's edge is derived from its ability to combine three investment disciplines and leverage this integration to produce high-performance strategies. "We are financial planners, we are asset managers, and we are merchant bankers," says John Xanthoudakis, Norshield's founder and CEO. "Blending these three businesses produces a range of synergies that can be developed for our clients into customized products, state-of-the-art risk management, and consistently solid returns."

Through the firm's own operations and network of alliances, a comprehensive range of financial services is available to clients. Independent of large institutions, Norshield has forged associations with a number of leading trusts, banks, brokers, and mutual fund dealers and can customize the precise type of relationship and product mix that any given investor requires.

Norshield's clients span the spectrum of investors. They include professionals, small-

« Nous sommes des planificateurs financiers, des gestionnaires d'actifs et des spécialistes des services bancaires d'investissement, explique John Xanthoudakis, fondateur et chef de la direction de Norshield. La combinaison de ces trois disciplines produit des synergies qui nous permettent d'offrir à nos clients des produits personnalisés, une excellente gestion du risque et des rendements élevés et stables. »

"We are financial planners, we are asset managers, and we are merchant bankers," says John Xanthoudakis, Norshield's founder and CEO. "Blending these three businesses produces a range of synergies that can be developed for our clients into customized products, state-of-the-art risk management, and consistently solid returns."

L'expertise de Norshield dans la gestion de capitaux privés attire aussi les investisseurs. Exploitée séparément, la division des services bancaires d'investissement de Norshield représente un important secteur en pleine croissance du Groupe. Elle investit dans des entreprises choisies, qu'elle aide à prendre de l'expansion grâce à son pouvoir financier et à ses qualités de gestion. Il s'agit là d'une autre forme d'investissement peu commune, puisque Norshield permet à sa clientèle de participer à ses propres investissements dans des actions de compagnies privées.

La supériorité de ses produits à valeur ajoutée combinée à son expertise dans les véhicules de placement non traditionnels et les services bancaires d'investissement confirment l'autorité de Norshield dans le secteur de l'investissement privé.

### La philanthropie est ancrée dans la philosophie de l'entreprise

Norshield a le souci de créer des liens au profit de la collectivité. Elle travaille notamment en étroite collaboration avec les commissions scolaires et les services gouvernementaux afin d'équiper les salles de classe de matériel informatique de pointe. La Fondation de développement Norshield s'intéresse principalement à l'éducation, aux enfants et à la technologie et vise à offrir aux enfants de Montréal et d'ailleurs ce qu'il y a de mieux. Elle joue également un rôle important dans le domaine social et appuie des projets destinés à aider les démunis.

De toute évidence, tant en affaires que dans son engagement social, Norshield mise sur des façons de procéder qui assurent des rendements à toute épreuve. « Si l'on sait adopter la bonne attitude et la bonne méthode, les rendements iront de soi », affirme John Xanthoudakis.

business entrepreneurs, and major corporations. The services they require range from advice on the purchase of stocks, bonds, and mutual funds for individual portfolios to the most sophisticated guidance in the realm of corporate finance and private equity transactions.

High-net-worth individuals seek access through Norshield to alternative investments, such as distressed securities, arbitrage programs, managed futures, foreign exchange, mortgage-backed securities, and short-selling strategies. Highly skill-based, these strategies are not usually correlated to the traditional bond and equity markets. Such novel forms of asset exposure add diversity to a portfolio and act as a hedge against general volatility—they provide a flexibility that maximizes returns in both rising and falling markets.

Norshield's expertise in private equities also attracts investors to the table. Operated as a distinct division and performing as a significant growth component of the firm, Norshield's merchant banking arm invests in selected companies and helps those companies expand through its financial stake and management skills. Here is created yet another uncommon investment option, because Norshield makes it possible for its client base to participate in the firm's private equity activity.

Edge! Norshield's authority in the private investor domain, combined with its expertise in alternative instruments and merchant banking, clearly delivers extra pieces of that elusive grail.

### Philanthropy: Part of the Firm's Philosophy

Norshield is a committed leader in developing partnerships that serve the community. It does this by working closely with school boards and government ministries to equip classrooms with high-tech equipment. The Norshield Development Foundation takes as its focus education, children, and technology, and aims to develop an edge for kids throughout Montreal and beyond. The foundation also takes up responsibilities on a wider social stage. It plays a key role in sponsoring projects that assist those in need.

Demonstrably, both in business and community involvement, Norshield has found it advantageous to focus on process to achieve solid returns. "Put the right attitude and process in place," says John Xanthoudakis, "and the results will take care of themselves."

La Fondation de développement Norshield s'intéresse principalement à l'éducation, aux enfants et à la technologie et vise à offrir aux enfants de Montréal et d'ailleurs ce qu'il y a de mieux.

The Norshield Development Foundation takes as its focus education, children, and technology, and aims to develop an edge for kids throughout Montreal and beyond.

## Marriott Residence Inn-Montréal
## Residence Inn by Marriott-Montréal

Le Marriott Residence Inn — une chaîne d'hôtels de long séjour réputée pour sa qualité et ses services — a établi sa présence au coeur de Montréal, sur la rue Peel, en janvier 1997. On trouve au Marriott Residence Inn, une filiale de Marriott International, tous les services d'un hôtel traditionnel auxquels s'ajoutent les commodités et le confort du foyer.

Il n'y a pas de quoi se surprendre que le Marriott Residence Inn se soit attaché une clientèle fidèle, car son personnel trié sur le volet a été spécialement formé pour cultiver la cordialité, la serviabilité et l'esprit de famille. Le service personnalisé assuré par les 70 membres du personnel distingue nettement cet hôtel de ses concurrents.

Le décor et l'aménagement du Marriott Residence Inn-Montréal évoquent l'ambiance du foyer. Le style et l'ameublement — où dominent l'acajou et les tons de vert agréables à l'oeil — créent une atmosphère à la fois classique et décontractée. Et comme l'établissement est spécialisé dans les longs séjours, on trouve dans les appartements plus qu'une simple cuisinette. Toutes les suites sont équipées d'une vraie cuisine avec réfrigérateur, poêle et four de grandeur standard, four à micro-ondes, et ensembles complets de couverts et d'ustensiles de cuisine. Par ailleurs, les appartements sont dépourvus de tout dépliant et publicité tapageuse. L'ambiance est résolument résidentielle.

Les clients du Marriott Residence Inn-Montréal peuvent également profiter

On trouve au Marriott Residence Inn, une filiale de Marriott International, tous les services d'un hôtel traditionnel auxquels s'ajoutent les commodités et le confort du foyer.

The Residence Inn by Marriott, a division of Marriott International, offers the amenities and comforts of home, as well as other features that guests look for in a traditional hotel.

◄ C.S. LANGLOIS

The Residence Inn by Marriott—an extended-stay hotel chain that has been widely recognized for quality and service—established a local presence with the January 1997 opening of its location on Peel Street in the heart of Montreal. The Residence Inn by Marriott, a division of Marriott International, offers the amenities and comforts of home, as well as other features that guests look for in a traditional hotel.

It is little wonder that this extended-stay inn has quickly attracted a loyal clientele, as the hotel's staff has been selected and trained specifically to cultivate warmth, helpfulness, and the sentiment of family. Personalized service from the 70 staff members sets the hotel apart among its competitors.

In addition, the Residence Inn by Marriott-Montréal's decor and layout enhance the feeling of domestic accommodation. The style and furnishings—with mahogany, as well as pleasing shades of green, predominating—reflect a classic yet relaxed taste. Because the hotel specializes in the long-term stay, the Residence Inn by Marriott-Montréal goes beyond offering a mere kitchenette in its apartments. All suites offer an authentic kitchen with a full-sized refrigerator, stove, and oven; microwave; and complete sets of cooking and eating utensils. Furthermore, guests will find no commercial brochures or garish publicity of any kind cluttering their rooms. The ambience is resolutely residential.

The hotel also boasts an indoor pool, exercise facilities, and a superb terrace on the roof for viewing the skyline or taking in the sun. Complimentary breakfast is served in the Hearth Room, which includes a lounge area with a library and newspapers. The fireplace in the Hearth Room makes the area an even more inviting place to meet one's fellow guests and join in regularly scheduled social activities. For conventions, the Residence Inn by Marriott-Montréal offers a trio of flexible meeting rooms, catering, and a full range of audio-visual and secretarial services.

The expansion of the Residence Inn by Marriott chain responds to the increasingly mobile work force in numerous sectors of today's economy. More than three quarters of the guests at the Montreal location, for example, are business travellers on training programs or extended projects for their companies. The requirement to lodge for weeks or months away from home has led them to demand the kind of service and atmosphere—as well as cutting-edge connectivity—that is

d'une piscine intérieure, d'une salle de conditionnement physique et d'une superbe terrasse sur le toit pour admirer la ville ou prendre du soleil. Le petit déjeuner gratuit est servi dans le foyer, qui comprend un coin salon où l'on peut consulter livres et journaux. La cheminée fait de l'endroit un lieu invitant et agréable pour rencontrer ses voisins et participer aux activités sociales régulièrement organisées. Pour les congrès, le Marriott Residence Inn-Montréal met à la disposition de sa clientèle trois salles de réunion polyvalentes, un service de traiteur et une gamme de services audiovisuels et de services de secrétariat.

L'expansion de la chaîne Marriott Residence Inn répond aux besoins d'une main-d'oeuvre de plus en plus mobile dans différents secteurs de l'économie. Plus des trois quarts des clients de l'établissement de Montréal, par exemple, sont des gens d'affaires qui suivent un programme de formation ou travaillent à un projet décentralisé de leur entreprise. L'obligation de loger à l'extérieur de leur foyer pendant des semaines ou des mois les a amenés à exiger le type de service et d'ambiance offert au Marriott Residence Inn, sans parler des moyens de communication ultramodernes. Prises de modem et de télécopieur ainsi que messagerie vocale personnalisée sont autant de services prévus dans les 190 unités de l'hôtel de Montréal, dont un bon nombre sont pourvues de deux lignes téléphoniques.

On trouve à quelques pas de l'hôtel tous les avantages d'une grande ville cosmopolite : musées de classe internationale, restaurants offrant des mets des quatre coins du monde et boutiques haut de gamme dans des centres commerciaux tous reliés les uns aux autres par les couloirs du célèbre réseau souterrain de Montréal.

Les tarifs dépendent évidemment de la durée du séjour, mais si l'on compare aux tarifs d'un hôtel de luxe, les économies réalisées sont de l'ordre de 25 à 40 p. 100. Étant donné son emplacement central et une réputation croissante pour son hospitalité, le Marriott Residence Inn-Montréal continuera de servir sa fidèle clientèle pendant de nombreuses années encore.

offered at the Residence Inn by Marriott. Fax and modem connections and personalized voice mail are provided in each of the 190 units of the Residence Inn by Marriott-Montréal, and many units are equipped with two telephone lines.

Within a few minutes' walking distance of the hotel can be found every advantage of a great cosmopolitan city, including world-class museums, restaurants of almost every conceivable nationality, and upscale shopping in malls that are all linked by Montreal's famed Underground City.

Rates depend on length of stay, but the average savings incurred over typical first-class hotel stays range from 25 to 40 percent. Given the centrality of its location and a growing reputation for its special brand of hospitality, the Residence Inn by Marriott-Montréal will continue to serve its loyal patrons for many years to come.

La cheminée fait de l'endroit un lieu invitant et agréable pour rencontrer ses voisins et participer aux activités sociales régulièrement organisées.

The fireplace in the Hearth Room makes the area an even more inviting place to meet one's fellow guests and join in regularly scheduled social activities.

Le décor et l'aménagement du Marriott Residence Inn-Montréal évoquent l'ambiance du foyer.

The Residence Inn by Marriott-Montréal's decor and layout enhance the feeling of domestic accommodation.

# Novartis Pharma Canada inc.
# Novartis Pharmaceuticals Canada Inc.

Chef de file mondial dans ce secteur d'activité, Novartis, multinationale née de la fusion de Sandoz et de Ciba, renvoie aux compétences fondamentales de l'entreprise dans les sciences de la vie. « Nous sommes aujourd'hui, de la phase des travaux de recherche au stade de la commercialisation, une entreprise œuvrant dans les sciences de la vie » , de déclarer Hans Mäder, président-directeur général de l'entreprise au Canada.

As a worldwide industry leader, Novartis—a multinational corporation created from the merger of Sandoz and Ciba—identifies its core competence with the life sciences. "We are now, from laboratory to the marketplace, geared to being a life sciences company," says Canadian president and CEO, Hans Mäder.

◀ PAUL LABELLE PHOTOGRAPHIE INC.

NOVARTIS PHARMA CANADA INC. A RÉCEMMENT ENRICHI LE VOCABULAIRE DES AFFAIRES D'UNE nouvelle expression : « sciences de la vie » . Si cette expression a une consonance théorique, elle n'en renvoie pas moins à la grande entreprise pharmaceutique et à sa volonté d'informer le public d'un virage à cent quatre-vingt degrés dans la conception que l'industrie a de son rôle, de son attitude et de ses responsabilités.

Les sciences de la vie sont axées sur la mise en commun d'aptitudes diverses pour la recherche de solutions plus complètes aux nouveaux problèmes qui surgissent dans le domaine des soins de santé. Les laboratoires pharmaceutiques envisagent aujourd'hui les soins de santé de manière globale et tablent, de ce fait, sur la collaboration ; aussi leurs efforts débordent-ils le cadre de la médecine à proprement parler pour englober la nutrition et l'agriculture. On part ainsi du principe que le bien-être des humains ne doit pas reposer exclusivement sur l'emploi de médicaments pour lutter contre la maladie, mais qu'il doit aussi mettre en jeu les aliments que nous consommons et notre façon de les cultiver. Les sciences de la vie consistent aussi à apporter, en milieu agricole, des soins aux plantes et aux animaux, et à tirer de terres moins nombreuses des récoltes plus abondantes et de meilleure qualité, ce qui, à terme, se répercute favorablement sur l'environnement, sur la santé humaine et sur la qualité de la vie. La tâche de Novartis consiste, jour après jour, à faire la synthèse de ces notions et à les mettre en pratique.

Chef de file mondial dans ce secteur d'activité, Novartis, multinationale née de la fusion de Sandoz et de Ciba, renvoie aux compétences fondamentales de l'entreprise dans les sciences de la vie. C'est pourquoi le nom de la société vient de l'expression latine *novae artes*, qui signifie « nouvelles compétences » . Créé au début de 1997, le groupe Novartis emploie quelque 86 000 personnes et commercialise ses produits dans plus de 100 pays. L'entreprise consacre chaque année plus de 3 milliards de dollars à la recherche et détient au-delà de 40 000 brevets. S'étant départie de sa division chimique pour se concentrer sur les soins de santé, la nutrition et l'agroalimentaire,

NOVARTIS PHARMACEUTICALS CANADA INC. RECENTLY ADDED A NEW PHRASE TO THE terminology of business: life sciences. This phrase might seem to suggest the field of academics; however, it actually denotes the major pharmacology industry and its intent on updating the public regarding a dramatic shift in the scope, attitude, and sense of responsibility within the industry.

Life sciences speaks of the integration of diverse abilities in the quest for more complete solutions to new challenges in healthcare. Because it encompasses a coherent, collaborative approach to healthcare as a whole, the efforts in pharmaceutical laboratories now reach beyond medicine to include nutrition and agriculture. The goal is for human well-being to be the result of not just drugs to treat illness, but also the food we eat and how we grow it. It also incorporates the agricultural care of plants and animals and the direct impact this has upon people, as well as reaping more and better crops from less land, which in turn contributes to a richer environment, healthier people, and enhanced life. Gathering all these concepts together and applying them is among the daily work of Novartis.

As a worldwide industry leader, Novartis—a multinational corporation created from the merger of Sandoz and Ciba—identifies its core competence with the life sciences. Fittingly, the company's name derives from the Latin *novae artes*, meaning "new skills." Founded in early 1997, the Novartis group employs some 86,000 people and markets its products in more than 100 countries. The company spends more than $3 billion annually on research, and holds in excess of 40,000 patents. Having divested its chemical divisions to focus on healthcare, nutrition, and agribusiness, Novartis can now lay claim to being the largest and most innovative life sciences enterprise on the globe.

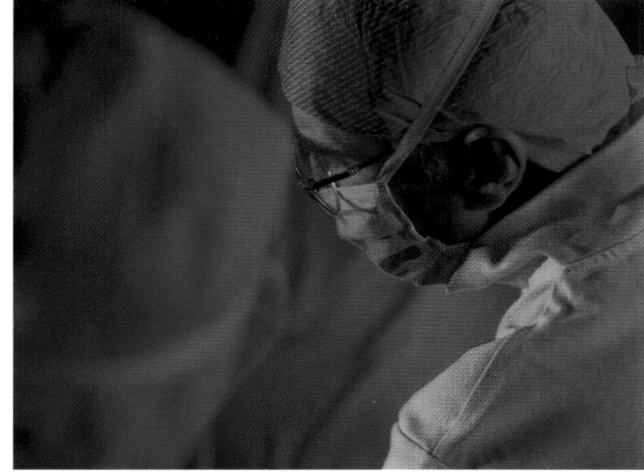

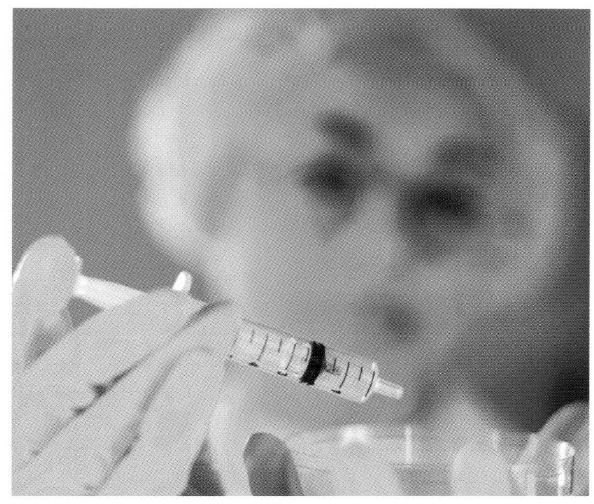

Novartis peut désormais prétendre au titre de plus grande et de plus innovatrice société du globe à œuvrer dans les sciences de la vie.

Huit entreprises du groupe Novartis, dont l'effectif combiné dépasse 1 500 personnes, sont actives au Canada ; elles prévoient réaliser cette année un chiffre d'affaires totalisant 720 millions de dollars. Novartis Pharma est de loin la plus importante entreprise du groupe. Elle a établi son siège canadien dans la banlieue montréalaise de Dorval. Forte d'un effectif de 800 personnes et d'un chiffre d'affaires de près de 300 millions de dollars, l'entreprise est fermement implantée sur le marché et compte parmi les quatre plus importants fabricants de médicaments d'origine du Canada.

Faisant fond sur les atouts de ses partenaires fondateurs, Novartis Pharma Canada a démarré ses activités armée d'une solide gamme de médicaments bien établis employés dans un nombre considérable de sphères thérapeutiques, notamment la transplantation d'organes, le cancer, la cicatrisation, les affections de l'appareil cardiovasculaire et du système nerveux central ainsi que l'arthrite. Pour ce qui est de l'avenir, l'entreprise prévoit lancer un traitement novateur indiqué dans la maladie d'Alzheimer. Tout récemment, Novartis a lancé deux importants produits : Diovan^MC, utilisé dans le traitement de l'hypertension, et Apligraf^MC, substitut vivant de peau humaine révolutionnaire indiqué dans les greffes cutanées.

« Nous sommes aujourd'hui, de la phase des travaux de recherche au stade de la commercialisation, une entreprise œuvrant dans les sciences de la vie » , de déclarer Hans Mäder, président-directeur général de l'entreprise au Canada. « Et chaque année qui passe accroît notre compétitivité et améliore notre potentiel de croissance. Dans l'intervalle, la masse critique que nous avons obtenue nous

Eight different Novartis companies, which collectively employ more than 1,500 people, operate in Canada, with projected total sales of $720 million this year. Novartis Pharmaceuticals is by far the largest in the group. It has consolidated its Canadian headquarters in the Montreal suburb of Dorval. With 800 employees and close to $300 million in sales, the company is solidly positioned as one of the top four innovative pharmaceutical companies in Canada.

Building on the strengths of its founding partners, Novartis Pharma Canada started out with established leading medicines in an impressive number of therapeutic areas, particularly relating to organ transplantation, cancer treatment, wound healing, diseases of the cardiovascular and central nervous systems, and arthritis. In the near future, the company plans to launch an innovative therapy to treat Alzheimer's disease. Just recently, Novartis launched two major new products: Diovan™, for the treatment of hypertension, and Apligraf™, a revolutionary approach to skin grafts based on a living skin equivalent.

"We are now, from laboratory to the marketplace, geared to being a life sciences company," says Canadian president and CEO, Hans Mäder. "With every passing year, that orientation will render us a more competitive company and improve our potential for growth. Meanwhile, the critical mass we've achieved will also allow us to better shape our portfolio and align our priorities with those of the healthcare decision makers in Canada."

### Bringing Research and Manufacturing to Canada

Every year in Canada, Novartis Pharmaceuticals invests millions of dollars in scores of clinical trials, which take place at universities and hospitals, as well as the offices of specialized physicians, across the country. The company's research efforts give Canadians rapid access to new medications.

Novartis Pharma Canada can bid on virtually any project that involves clinical research for the whole Novartis group. Clinical research can often be

Les sciences de la vie sont axées sur la mise en commun d'aptitudes diverses pour la recherche de solutions plus complètes aux nouveaux problèmes qui surgissent dans le domaine des soins de santé.

Life sciences speaks of the integration of diverse abilities in the quest for more complete solutions to new challenges in healthcare.

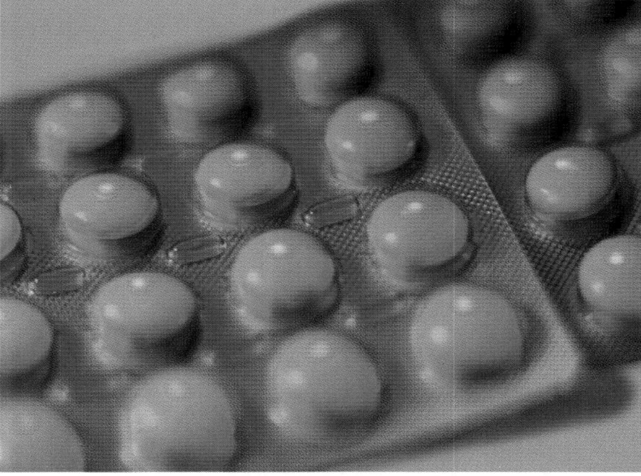

permettra également d'affiner la composition de notre portefeuille et d'harmoniser nos priorités avec celles des décideurs canadiens du domaine de la santé. »

### Attirer au Canada des mandats de recherche et de fabrication

Chaque année, Novartis Pharma investit au Canada des millions de dollars dans de nombreux essais cliniques, lesquels se déroulent dans des universités et des hôpitaux, de même que dans les cabinets de médecins spécialistes, partout au pays. Grâce aux travaux de recherche menés par l'entreprise, les Canadiens ont accès rapidement à de nouveaux médicaments.

Novartis Pharma Canada peut soumissionner pour l'obtention de presque n'importe quel projet nécessitant des travaux de recherche clinique pour l'ensemble du groupe Novartis. Ces travaux peuvent souvent être exécutés au Canada de manière plus rapide et plus efficace, et à moindre coût, qu'aux États-Unis. Les travaux de recherche effectués au Canada sont parfaitement valables aux États-Unis et sont admis comme tels par la *Food and Drug Administration*. De fait, les essais canadiens tiennent souvent lieu d'essais-pilotes pour des travaux devant être conduits aux États-Unis.

Huit entreprises du groupe Novartis, dont l'effectif combiné dépasse 1 500 personnes, sont actives au Canada ; elles prévoient réaliser cette année un chiffre d'affaires totalisant 720 millions de dollars. Novartis Pharma est de loin la plus importante entreprise du groupe.

Eight different Novartis companies, which collectively employ more than 1,500 people, operate in Canada, with projected total sales of $720 million this year. Novartis Pharmaceuticals is by far the largest in the group.

Novartis Pharma Canada bataille également ferme pour l'obtention de mandats de fabrication. Après la fusion, l'usine de Novartis à Whitby, en Ontario, a fait l'objet d'un investissement de 16,5 millions de dollars. Cette installation est aujourd'hui la deuxième usine de produits pharmaceutiques en importance au Canada et l'un des deux principaux maillons de la chaîne de distribution de l'entreprise en Amérique du Nord.

### Les produits en voie d'élaboration : une moisson de composés

À l'heure actuelle, Novartis travaille à l'élaboration de près de 100 médicaments prometteurs. En raison des sommes colossales qu'elle doit engager pour mettre en marché ces produits, la société est aux prises avec un problème qui ferait l'envie de la plupart de

done in Canada more quickly and efficiently, and less expensively, than in the United States. The research done at Canadian sites is fully applicable in the United States and accepted by the U.S. Food and Drug Administration. In fact, Canadian studies are frequently regarded as pilot studies for the United States.

Novartis Pharmaceuticals Canada also aggressively seeks manufacturing mandates. Subsequent to the merger, a $16.5 million capital expenditure was earmarked for the Novartis plant in Whitby, Ontario. This Novartis facility is now the second-largest pharmaceutical manufacturing plant in Canada, and one of two key players in the company's North American supply chain.

### An Abundance of Compounds: The Product Pipeline

Novartis has almost 100 promising drugs currently under development. The tremendous costs involved in bringing them to market provide the company with a challenge that most others would enjoy: being forced to choose from among a multitude of outstanding opportunities.

In terms of oncology products, for instance, the Novartis group has a large and complementary anticancer pipeline, having launched Aredia for bone metastases and Femara for breast cancer. Looking ahead, the company plans to introduce anticancer products at a rate of about one per year. Included among them will be a drug to fight many different cancer tumours that develop resistance to chemotherapy.

ses concurrents : devoir choisir entre une multitude de possibilités tout aussi formidables les unes que les autres.

Dans le domaine de l'oncologie, par exemple, le groupe Novartis s'emploie à mettre au point un large éventail de médicaments anticancéreux complémentaires ; elle vient de lancer Aredia dans le traitement des métastases osseuses et Femara dans le traitement du cancer du sein. Pour l'avenir, l'entreprise prévoit mettre en marché environ un anticancéreux par année. Parmi ces médicaments, on compte un agent capable de s'attaquer à de multiples tumeurs malignes contre lesquelles la chimiothérapie finit par devenir inefficace.

Sur le terrain de la médecine générale, Novartis a lancé, au Canada, l'antihypertenseur Diovan. Ce médicament à prise quotidienne unique régularisant la tension artérielle pendant 24 heures a été commercialisé moins de sept ans après la découverte de la molécule qui le compose, ce qui se voit rarement dans l'industrie. Voilà qui témoigne de l'empressement de l'entreprise à mettre rapidement à la disposition des patients de nouveaux médicaments.

Au nombre des autres nouveaux produits, mentionnons Exelon, médicament révolutionnaire indiqué dans la maladie d'Alzheimer légère ou modérée. Ce médicament est bien toléré par les personnes de tout âge, y compris par les personnes très âgées, et améliore leurs fonctions cognitives et leur capacité de vaquer à leurs activités quotidiennes. Afin de traiter la maladie d'Alzheimer proprement dite, et non les seuls symptômes de cette affection, Novartis travaille à mettre au point un composé qui agira de façon plus spécifique sur les causes de la maladie. En dermatologie, Novartis prévoit également commercialiser un produit non stéroïdien qui sera aussi efficace que l'agent stéroïdien le plus puissant et qui devrait être particulièrement efficace contre le psoriasis.

La fusion — cela n'a rien d'étonnant — a grandement relevé la valeur de l'avoir des actionnaires. Le cours de l'action de Novartis a plus que quintuplé, si bien que Merrill Lynch a jugé opportun de dire de l'entreprise qu'elle représentait « l'une des perspectives d'investissement les plus alléchantes qui soient » .

La filiale canadienne de l'entreprise remplit plusieurs tâches essentielles à l'accomplissement de la mission de Novartis Pharma. D'ailleurs, l'établissement à Montréal du siège canadien de l'entreprise témoigne avec éloquence de la qualité des chercheurs et des gestionnaires concentrés dans cette ville.

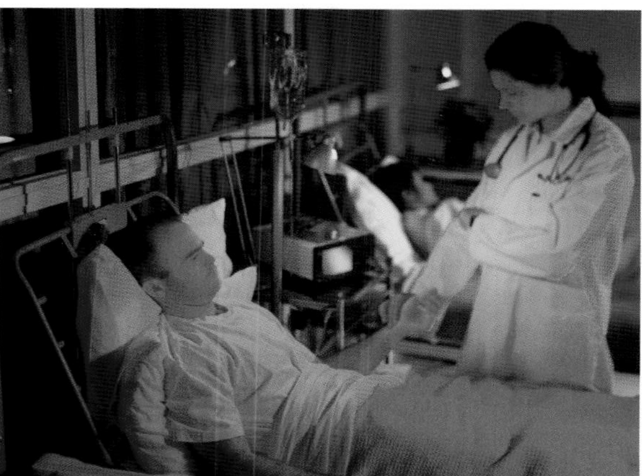

In general medicine, Novartis has launched Diovan in Canada for high blood pressure. This once-a-day treatment for 24-hour blood pressure control was brought to market less than seven years after its discovery—unusual in the industry, and demonstrative of the company's determination to rapidly bring new drugs into general use.

Other new products include a breakthrough drug, Exelon, for the treatment of mild to moderate forms of Alzheimer's disease. This medication is tolerated well by all age groups, including the very old, improving their cognition and daily behavioural activities. To treat the actual condition of Alzheimer's as opposed to just its symptoms, Novartis is developing a compound that will be more specific to the causal factors of the disease. Novartis also plans on bringing to market a nonsteroidal dermatologic product, which promises the efficacy of the most potent topical steroid and which should be particularly effective for psoriasis.

Little wonder that the merger has resulted in a significant increase in shareholder value. Novartis' stock has jumped in value by a multiple in excess of five, and Merrill Lynch has seen fit to call the company "one of the most exciting investment opportunities in our universe."

The Canadian arm of the company plays several key roles in the global mission of Novartis Pharmaceuticals, and its headquarters in Montreal testifies to the attraction of the city as a focal point of research and management talent.

À l'heure actuelle, Novartis travaille à l'élaboration de près de 100 médicaments prometteurs. En raison des sommes colossales qu'elle doit engager pour mettre en marché ces produits, la société est aux prises avec un problème qui ferait l'envie de la plupart de ses concurrents : devoir choisir entre une multitude de possibilitiés tout aussi formidables les unes que les autres.

Novartis has almost 100 promising drugs currently under development. The tremendous costs involved in bringing them to market provide the company with a challenge that most others would enjoy: being forced to choose from among a multitude of outstanding opportunities.

Photographes
Photographers

**Ron Levine**, Chef de la photographie, propriétaire de Ron Levine Photography, à Montréal, fait de la photo commerciale et de la photo de magazine de prestige depuis 20 ans. Il compte parmi ses clients Taster's Choice, la Banque Nationale du Canada, Canadien Pacifique, Hydro Québec, Bell Canada et AT&T. Ses photos ont paru dans maintes publications internationales, dont *Time*, *Business Week*, *Travel & Leisure*, *Forbes*, *Fortune*, *ESPN: The Magazine*, *Saturday Night* et *En Route* d'Air Canada.

Ses photos du sud des États-Unis, des Provinces maritimes et de la Pologne ont été exposées dans divers musées et galeries du monde, notamment le Museo de la Universidad de Antioquio en Colombie, la Linhof Gallery en Allemagne, le Centro Cultural el Nigromante au Mexique et la Stara Galeria en Pologne. Sur le plan local, ses oeuvres ont été exposées au Centre VU de Québec et à la galerie Vox & Optica de Montréal. Il a obtenu le International Design Award de *HOW Magazine* en 1997 et le Photo Design Gold Award de *Photo District News*, ainsi que des prix et bourses du ministère de la Culture du Québec, du Conseil des Arts du Canada et de l'Office national du film du Canada.

**Ron Levine**, Photographic Editor, owner of Montreal-based Ron Levine Photography, is a 20-year veteran of commercial and editorial photography. His client list includes Taster's Choice, National Bank of Canada, Canadian Pacific, Hydro Québec, Bell Canada, and AT&T. Levine's images have appeared in numerous international publications, including *Time*, *Business Week*, *Travel & Leisure*, *Forbes*, *Fortune*, *ESPN: The Magazine*, *Saturday Night*, and Air Canada's *En Route*.

Levine's photographs of the southern United States, the Canadian Maritimes, and Poland have been exhibited in museums and galleries internationally, including Colombia's Museo de la Universidad de Antioquio, Germany's Linhof Gallery, Mexico's Centro Cultural el Nigromante, and Poland's Stara Galeria. Locally, his work has been displayed at the Centre VU in Quebec City and Gallerie Vox and Optica Gallery in Montreal. Levine is the recipient of *HOW Magazine*'s 1997 International Design Award and *Photo District News*' Photo Design Gold Award, as well as grants and awards from the Quebec Minister of Culture, Canada Council, and National Film Board of Canada.

**Jean-François Bérubé** est originaire de Causapscal, un petit village situé dans l'est du Québec. On a pu voir ses images dans différents magazines, sur des couvertures d'albums, et elles ont été utilisées par de nombreux artistes. Propriétaire de J.F. Bérubé Photo Inc., il compte parmi ses clients Bell Canada, AT&T, le gouvernement du Québec, *L'actualité*, *Reader's Digest* et *Elle Québec*.

**Jean-François Bérubé** hails from Causapscal, a small village in the eastern part of the province of Quebec. His images have appeared in magazines and on album covers, and have been used by numerous performers. As owner of J.F. Bérubé Photo Inc., he serves a client list that includes Bell Canada, AT&T, Gouvernement du Québec, *L'actualité*, *Reader's Digest*, and *Elle Québec*.

**Mark Bider**, natif de Montréal, est diplômé du Dawson Institute of Photography. Spécialiste de la photographie touristique, il a pris énormément de photos en Amérique centrale, en Amérique du Sud et en Asie.

**Mark Bider**, a native of Montreal, graduated from the Dawson Institute of Photography. Specializing in travel images, Bider has photographed extensively in Central America, South America, and Asia.

**Spyros Bourboulis** est né à Athènes, en Grèce, et a grandi à Montréal. Diplômé du Dawson Institute of Photography, il se spécialise dans la photographie industrielle, d'entreprise et de magazines de prestige. Ses images ont été publiées dans le *Financial Post Magazine*, *L'actualité*, la revue *Commerce* et le *Globe and Mail*. Elles sont distribuées par Gamma Liaison Photo Agency de New York.

**Spyros Bourboulis** was born in Athens, Greece, and was raised in Montreal. A graduate of the Dawson Institute of Photography, Bourboulis specializes in corporate, industrial, and editorial photography. His work has appeared in *Financial Post Magazine*, *L'actualité*, *Commerce*, and the *Globe and Mail*, and is distributed by the Gamma Liaison Photo Agency in New York City.

**Bernard Brault** est photographe à *La Presse* et travaille à la pige pour plusieurs magazines. Il a gagné des concours de photographie tous les ans depuis 1981 dans différents pays, dont le Canada, l'Espagne, la France, la Chine et les États-Unis. En 1996, il a obtenu le titre de photographe canadien de l'année. Il a également publié un livre sur les athlètes québécois ayant participé aux Jeux olympiques d'hiver de Lillehammer en 1994.

**Bernard Brault** is a staff photographer at *La Presse* and freelances for various magazines. He has won photography contests every year since 1981 in countries including Canada, Spain, France, China, and the United States. In 1996, he was named Canadian Photographer of the Year. Brault has also published a book on the Quebec athletes who competed in the 1994 Winter Olympic Games in Lillehammer.

**Léopold Brunet**, propriétaire de Studio Libre Esthétique, est né à Montréal. Spécialisé dans le portrait d'entreprise, il aime créer des effets spéciaux par l'utilisation d'appareils multiples. Ses photos ont fait la couverture de plus d'une cinquantaine de magazines et il compte parmi ses clients la Banque Laurentienne, la Banque centrale populaire du Maroc, Bell Canada, Price/Costco, et ICG Propane Inc.

**Léopold Brunet**, owner of Studio

Libre Esthétique, is a native of Montreal. Specializing in corporate and industrial portraits, he enjoys creating special effects in his images through the use of multiple cameras. Brunet's work has appeared on more than 50 magazine covers, and his clients include Banque Laurentienne, Banque Centrale Populaire du Maroc, Bell Canada, Price/Costo, and ICG Propane Inc.

© RON LEVINE

**René De Carufel** est photojournaliste au Festival du film de Cannes depuis cinq ans, de même que reporter cameraman au Nicaragua, en Martinique et en Afrique. Propriétaire de René De Carufel Photography, il compte au nombre de ses clients Bell Canada, Chrysler Canada, Time Life Books et Columbia Records.

**René De Carufel** has been a photojournalist at the Cannes Film Festival for the past five years, as well as a cameraman filming on location in Nicaragua, Martinique, and Africa. As owner of René De Carufel Photography, he serves such clients as Bell Canada, Chrysler Canada, Time Life Books, and Columbia Records.

**Benoît Chalifour** a étudié les arts cinématographiques à la Ryerson Polytechnic University, à Toronto. Photographe indépendant, il va à la découverte du monde et se consacre à la photographie touristique pour le compte d'agences de publicité et de maisons d'édition. Il fournit en outre des images de sa photothèque.

**Benoît Chalifour** studied motion picture arts at Ryerson Polytechnic University in Toronto. As a freelance photographer, Chalifour focuses on worldwide location and travel photography for advertising agencies and publishing houses, and maintains an active stock library.

**Éric Clusiau** est né à Montréal et y a grandi. Diplômé en photographie du collège Marsan, il a constitué au fil des ans une banque d'environ 60 000 photos. Il se spécialise dans la photographie de nuit et d'action rapide.

**Eric Clusiau**, born and raised in Montreal, graduated from Marsan College with a degree in photography. Over the years, Clusiau has amassed an image bank of some 60,000 photographs. His specialties include night and fast-action photography.

**Marie-Louise Deruaz** a obtenu un baccalauréat en arts appliqués de la Ryerson Polytechnical University, à Toronto. Ses images ont été publiées dans le livre *A Day in the Life of the NHL* et dans *L'actualité*. Elle compte parmi ses clients la Banque de Montréal et l'université Concordia. Elle a également séjourné quelque temps à Belize, où elle a photographié des archéologues au travail sur un site Maya.

**Marie-Louise Deruaz** received a bachelor of applied arts degree in photography from Ryerson Polytechnical University. Her images have appeared in the book *A Day in the Life of the NHL* and in *L'actualité*. Serving a client list that includes the Bank of Montreal and Concordia University, Deruaz has also spent time in Belize photographing archeologists at work on a Mayan site.

**Robin Edgar** a produit des images pour la Ville de Montréal, Tourisme Québec, Air Canada, Bell Canada et l'Université du Québec à Montréal. Il a été honoré par *Photo Selection* et a obtenu le premier prix du concours La Force de l'énergie, de Gaz Métropolitain. Inspiré par une expérience mystique profonde, Robin Edgar rédige actuellement un ouvrage sur le symbolisme mythologique des éclipses lunaires et solaires.

**Robin Edgar** has provided images for the City of Montreal, Tourisme Québec, Air Canada, Bell Canada, and Université du Québec à Montréal. His awards include honours from *Photo Selection* and a first prize in the Gaz Métropolitain La Force de L'Energie photography contest. Inspired by a profound mystical experience, Edgar is currently writing a book on the mythological symbolism of solar and lunar eclipses.

**Robert Fried** a obtenu des contrats de photographie dans plus de 50 pays. Diplômé en anthropologie de la State University of New York, il se spécialise dans la photographie de voyage et de prestige pour le marché de la publicité, des entreprises et de l'éducation. Ses photos ont été abondamment publiées dans l'industrie du tourisme et dans des magazines internationaux, des guides illustrés, des encyclopédies et des calendriers. Il compte parmi ses clients American Express, *GEO*, le *Los Angeles Times*, le *National Geographic Traveler*, le *New York Times*, *Travel & Leisure*, l'UNICEF et World Book. Robert Fried vit au nord de San Francisco, où il se plaît à cultiver les tomates.

**Robert Fried** has been on photography assignments to more than 50 countries. A graduate of the State University of New York with a degree in anthropology, he specializes in travel and editorial photography for advertising, corporate, and education markets. Fried's pictures have been published extensively by the travel/tourism industry and in international magazines, guide/picture books, encyclopedias, and calendars. His clients include American Express, *GEO*, the *Los Angeles Times*, *National Geographic Traveler*, the *New*

York Times, *Travel & Leisure*, UNICEF, and World Book. Fried currently lives north of San Francisco and enjoys growing tomatoes.

**Patrice Halley**, originaire de France, a immigré au Canada en 1988. Photojournaliste indépendant, il est représenté par différentes agences dans différents pays, notamment par Photographers/Aspen (États-Unis), Grazia Neri (Italie), Flash Press (Espagne), Planet Earth Pictures Ltd. (Royaume-Uni) et Imperial Press (Japon). Ses photographies ont été publiées dans *Islands Magazine*, *GEO*, *The World & I* et le *National Geographic*. Il a reçu le Canadian National Magazine Award pour sa participation à *MiCarême: A Winter Masquerade*.
**Patrice Halley** moved to Canada from France in 1988. A freelance photojournalist, he is represented by various agencies in many countries, including Photographers/Aspen (U.S.), Grazia Neri (Italy), Flash Press (Spain), Planet Earth Pictures Ltd. (UK), and Imperial Press (Japan). Halley's images have appeared in *Islands Magazine*, *GEO*, *The World & I*, and *National Geographic*, and he received a Canadian National Magazine Award for his work on *MiCarême: A Winter Masquerade*.

**Christiane Hamelin** se décrit elle-même comme une « photographe ambulante » . Originaire de St-Casimir, elle fixe sur pellicule des scènes urbaines et rurales depuis 26 ans. En 1997, elle a gagné des concours commandités par Nikon-L.L. Lozeau-*Voir* et *L'Itinéraire*.
**Christiane Hamelin** describes herself as a "street photographer." Originally from St. Casimir, she has been capturing urban and rural scenery on film for 26 years. In 1997, Hamelin was the winner of contests sponsored by Nikon-L.L. Lozeau-*Voir* and *L'Itinéraire*.

**Hillstrom Stock Photo** est un service d'archives photographies fondé en 1967 et établi à Chicago. Sa collection comprend des photos d'architecture, de paysages agricoles, de voitures classiques, de jardins ainsi que d'aventures et de sports périlleux.
**Hillstrom Stock Photo**, established in 1967, is a full-service stock photography agency based in Chicago. Its largest files include images of architecture, agriculture backgrounds, classic autos, gardens, and high-risk adventure/sports.

**David Hopkins** est depuis 18 ans professeur à plein temps au programme de photographie professionnelle du collège Dawson, qui lui a décerné en 1997 un prix d'excellence en enseignement. Il se spécialise dans la photographie en noir et blanc et l'art documentaire. Il consacre ses temps libres au camping, au vélo et à l'entraînement d'une équipe de soccer.
**David Hopkins** has been a full-time teacher in the Professional Photography Program at Dawson College for 18 years. Winner of a 1997 teaching excellence award at the college, Hopkins specializes in black-and-white and documentary photography. In his spare time, he enjoys camping, cycling, and coaching soccer.

**Ladislas Kadyszewski** est né en Normandie, en France, et s'est installé dans la région de Montréal en 1992, où il travaille comme photographe d'entreprise indépendant. Sa passion pour la faune et la nature a été avivée lors d'un récent voyage en Afrique du Sud, au Botswana et au Zimbabwe, et il envisage de retourner en Afrique du Sud pour y ouvrir une galerie.
**Ladislas Kadyszewski** was born in Normandy, France, and moved to the Montreal area in 1992, where he works as a corporate freelance photographer. Kadyszewski's passion for wildlife and landscape photography was fueled by a recent trip to South Africa, Botswana, and Zimbabwe, and he plans a return trip to South Africa to open a gallery.

**Mathieu Lamarre**, photojournaliste indépendant et rédacteur, est installé à Montréal et se spécialise dans les sports d'extérieur et le tourisme d'aventure. Au cours des dix dernières années, il a appris et perfectionné son métier au Québec et ailleurs – et aussi loin qu'en Australie –, et il avoue éprouver « un plaisir fou à vivre dans cette ville cosmopolite décontractée » .
**Mathieu Lamarre** is a Montreal-based independent photojournalist who specializes in outdoor sports and adventure tourism. Learning and perfecting his trade in and around the province of Quebec—and as far away as Australia—for the past 10 years, the photographer-writer finds "tremendous pleasure living in this laid-back cosmopolis."

**Sébastien Larose**, photographe indépendant représenté par Réflexion Photothèque (Montréal) et Planet Earth Pictures Ltd. (Royaume-Uni), se spécialise dans la photographie d'extérieur, de sport et de nature. Ses photos ont été publiées dans *Snow Country*, *Skiing Magazine* et *Snowboarder Magazine*.
**Sébastien Larose** is a freelance photographer represented by Reflexion Phototheque (Montreal) and Planet Earth Pictures Ltd. (UK). Specializing in outdoor, sports, and nature photography, Larose has been published in *Snow Country*, *Skiing Magazine*, and *Snowboarder Magazine*.

**Bud Lee** a étudié à la Columbia University School of Fine Arts, à New York, et à la National Academy of Fine Arts avant de s'installer dans la région d'Orlando il y a plus de 20 ans. Photojournaliste à son compte, il a été nommé photographe de presse de l'année en 1967 par le magazine *Life* et a reçu le prix du photographe militairede l'année en 1966. Il a organisé des ateliers de photographie en Floride et en Iowa, et on peut voir ses images dans *Esquire*, *Life*, *Travel & Leisure*, *Rolling Stone*, le *Washington Post* et le *New York Times*, ainsi que dans *Treasures on Tampa Bay: Tampa, St. Petersburg, Clearwater*, *Orlando: The City Beautiful* et *Jacksonville: Reflections of Excellence*, de Towery Publishing.
**Bud Lee** studied at the Columbia University School of Fine Arts in New York City and the National Academy of Fine Arts before moving to the Orlando area more than 20 years ago. A self-employed photojournalist, he was named *Life* magazine's News Photographer of the Year in 1967 and

received the Military Photographer of the Year award in 1966. He also founded photography workshops in Florida and Iowa. Lee's work can be seen in *Esquire*, *Life*, *Travel & Leisure*, *Rolling Stone*, the *Washington Post*, and the *New York Times*, as well as in Towery Publishing's *Treasures on Tampa Bay: Tampa, St. Petersburg, Clearwater*, *Orlando: The City Beautiful*, and *Jacksonville: Reflections of Excellence*.

**Roger LeMoyne** a maintes fois été honoré pour ses oeuvres. Il a notamment reçu des prix Ernst Haas Golden Light, des prix de l'Association canadienne des photographes et illustrateurs en publicité, des prix annuels de photographie de *Communication Arts*, un prix Grand CEBA en 1997 et, en 1998, le prix de l'année de la National Press Photographers Association. Ses photos ont été publiées dans *Harper's Bazaar*, *Times of India*, *Scientific American*, le *Globe & Mail*, *Elle Québec* et *Sports Illustrated*. Roger LeMoyne travaille régulièrement pour l'UNICEF et ses photos sont distribuées par Gamma Liaison Photo Agency de New York et de Paris.
**Roger LeMoyne** has received numerous honours for his images, including Ernst Haas Golden Light awards, Canadian Association of Photographers and Illustrators in Communications awards, *Communication Arts* annual photography awards, a 1997 Grand CEBA award, and a National Press Photographers Association 1998 Pictures of the Year award. He has been published in *Harper's Bazaar*, *Times of India*, *Scientific American*, the *Globe & Mail*, *Elle Québec*, and *Sports Illustrated*. LeMoyne works regularly for UNICEF, and his photos are distributed by the Gamma Liaison Photo Agency of New York City and Paris.

**Brian McFarlane** est diplômé en photographie du Dawson Institute of Photography et en gestion de station de ski du Selkirk College. Il est spécialisé en photographie, prépresse et graphisme, et consacre ses temps libres, au ski, au tennis, à la course et à la randonnée pédestre.
**Brian McFarlane** received a degree in photography from the Dawson Institute of Photography and a degree in ski-resort management from Selkirk College. He specializes in photography, prepress, and graphics. In his spare time, McFarlane enjoys skiing, tennis, running, and hiking.

**Allen McInnis** a été deux fois lauréat du concours national de journalisme et a reçu deux fois le prix de la photo de l'année de la Presse canadienne. Propriétaire de Allen McInnis Photography, il se spécialise dans la photographie d'entreprise et de magazines de prestige.
**Allen McInnis** is a two-time recipient of both the National Newspaper Award and the Canadian Press Picture of the Year award. As owner of Allen McInnis Photography, he specializes in editorial and corporate images.

**Phil Norton** est administrateur d'archives photographiques et photojournaliste contractuel pour la *Gazette*. Originaire de Mars, en Pennsylvanie, il habite Châteauguay avec sa femme et ses deux enfants. Il aime photographier les régions rurales et les régions sauvages, et ses images ont été publiées dans le magazine *Time*, le *Canadian Geographic*, *Adirondack Life* et le *Reader's Digest* ainsi que dans *San Diego: World-Class City*, de Towery Publishing. Il a reçu le prix du *National Magazine* en 1983 et en 1985 pour ses photos illustrant les effets des pluies acides sur les forêts.
**Phil Norton** is a stock photo administrator and contract photojournalist for the *Gazette*. Originally from Mars, Pennsylvania, he now lives in Châteauguay with his wife and two children. Norton enjoys photographing rural and wilderness areas, and his images have appeared in *Time*, *Canadian Geographic*, *Adirondack Life*, and *Reader's Digest*, as well as Towery Publishing's *San Diego: World-Class City*. He received *National Magazine* awards in 1983 and 1985 for his pieces on the effects of acid rain on forests.

**Seán O'Neill,** propriétaire de Seán O'Neill Photography, est diplômé du collège Vanier et de l'université McGill. Spécialisé dans la photo commerciale, le style de vie, le sport, la mode et la nature, il a travaillé pour le Club Med, *Modern Woman*, *Ski Canada*, *Der Speigel*, le Conseil canadien de la fourrure et le Biodôme de Montréal.
**Seán O'Neill,** owner of Seán O'Neill Photography, has received degrees from Vanier College and McGill University. Specializing in commercial, lifestyle, sports, fashion, and landscape photography, he has produced work for Club Med, *Modern Woman*, *Ski Canada*, *Der Speigel*, the Canadian Fur Council, and Montreal's Biodome.

**Linda Rutenberg** détient une maîtrise en photographie de l'université Concordia. Elle est spécialisée dans le portrait et l'illustration de couvertures de livres et consacre ses temps libres à sa galerie de photographie.
**Linda Rutenberg** graduated from Concordia University with a master of fine arts degree in photography. Her areas of specialty include portraits and illustrations for books. Rutenberg devotes her spare time to her photography gallery.

**Andrew Taylor**, originaire de Los Angeles, en Californie, détient un baccalauréat ès arts en photographie du Art Center College of Design. Spécialisé dans la photographie commerciale, le portrait d'entreprise et le photojournalisme, il compte parmi ses clients Vision mondiale, la University of Southern California, LA Cellular et le Claremont College. Il a tout photographié « depuis les gilets pare-balles aux robes de haute couture en latex, en passant par les artistes de cirque chinois et les présidents russes » .
**Andrew Taylor**, a native of Los Angeles, received a bachelor of fine arts degree in photography from the Art Center College of Design. Specializing in commercial photography, corporate environmental portraits, and photojournalism, his client list includes World Vision, University of Southern California, LA Cellular, and Claremont College. Taylor has photographed "everything from bullet-proof vests to latex couture dresses, Chinese circus performers to Russian presidents."

**Danyel Thibeault**, de Montréal, est spécialisé dans la photographie d'entreprise, industrielle, et les scènes de nature.
**Danyel Thibeault**, a resident of Montreal, specializes in corporate, industrial, and landscape photography.

**George Zimbel** a exposé dans plusieurs musées, notamment au Musée du Québec, au Musée d'art contemporain de Montréal et au Musée des beaux-arts du Canada, ainsi qu'au New York City's Museum of Modern Art et au International Center of Photography. Il est diplômé de l'université Columbia et est membre à vie de l'American Society of Media Photographers.
**George Zimbel** has been featured in several museum collections, including Musée du Québec, Musée d'Art Contemporàin de Montréal, and the National Gallery of Canada, as well as New York City's Museum of Modern Art and International Center of Photography. Zimbel graduated from Columbia University and is a lifetime member of the American Society of Media Photographers.

Au nombre d'autres photographes et organisations qui ont contribué à *Montréal : la joie de vivre, citons* Bob Brooks, Michel Debreuil, Carlos Pineda, Ron Simon, Jean Terroux, International Stock, Image Finders, and la *Gazette*.

Other photographers and organizations that contributed to *Montréal: la joie de vivre* include Bob Brooks, Michel Debreuil, Carlos Pineda, Ron Simon, Jean Terroux, International Stock, Image Finders, and the *Gazette*.

Il y a une vingtaine d'années, **Jean Paré** était le rédacteur en chef fondateur d'une publication intitulée L'actualité. Il est aujourd'hui l'éditeur et le président de ce qui est devenu le magazine d'actualités et d'affaires publiques de langue française le plus lu et le plus respecté au Canada. Pour sa contribution au monde journalistique, Jean Paré a reçu en 1996 le Special Foundation Award for Outstanding Achievement, qui lui fut remis à Toronto au cours du National Magazine Awards Gala.

Né et élevé à Québec, il vendait déjà son propre magazine ronéotypé à l'âge de 16 ans, au prix de cinq cents l'exemplaire. Après des études à l'Université Laval et à l'Université de Montréal, il a occupé différents postes, dont ceux d'attaché à Bruxelles pour le ministère fédéral du commerce international, de chroniqueur des arts pour les quotidiens *La Presse* et *Le Nouveau Journal*, d'adjoint à l'information au ministère de l'Éducation et d'animateur d'une émission populaire d'affaires publiques à la radio pendant six ans. Membre de la Canadian Magazine Publishers Association et fondateur des Magazines du Québec, Jean Paré a obtenu de nombreux prix de journalisme, il est l'auteur de trois essais, il a rédigé un ouvrage sur Montréal et il travaille actuellement à plusieurs autres projets.

Some 20 years ago, **Jean Paré** was the founding editor-in-chief of a publication titled *L'actualité*. Today, he remains as the publisher and president of what has become Canada's most read and respected French-language news and current affairs magazine. For his contributions to the industry, Paré was presented with the Special Foundation Award for Outstanding Achievement at the 1996 National Magazine Awards Gala in Toronto.

Born and raised in Quebec City, Paré started selling his own Gestetner-printed magazine for five cents at the age of 16. After attending Laval University and the University of Montreal, Paré held a variety of positions: He was posted in Brussels for the Canadian Department of International Trade and Commerce; served as arts editor for the dailies *La Presse* and *Le Nouveau Journal*; was employed by the Ministry of Education as an information assistant; and hosted a popular public affairs radio program for six years. He is a member of the Canadian Magazine Publishers Association and founder of Magazines du Québec. The recipient of numerous journalism awards, Paré has authored three books of essays and one book on Montreal and is currently working on several other projects.

Montréalaise de troisième génération, **Peggy Curran** a grandi dans l'est de Montréal, elle a fréquenté l'école secondaire et l'université dans l'ouest et travaille maintenant au centre de la ville.

Peggy Curran est au service de la *Gazette*, à Montréal, depuis 1980. D'abord affectée aux questions policières et générales, elle a écrit des articles à propos d'incendies et d'inondations, d'effondrements de mines, de guerres de motards et de règlements de comptes. Elle a voyagé de Flatrock (Terre-Neuve) à Whitehorse (Yukon) à la suite des premiers ministres, du Pape, de la reine Elizabeth et de la Reine Mère. Elle a également passé quatre ans au bureau de la *Gazette* à Ottawa, où elle a couvert des campagnes nationales pour l'élection de chefs de partis, trois courses à la mairie, des crises constitutionnelles et autochtones et des référendums sur l'avenir du Canada.

Depuis 1993, elle est chroniqueuse aux affaires municipales de la *Gazette*. Quatre jours par semaine, du haut de la page trois, elle observe la ville et en décrit les faits marquants.

Peggy Curran est issue d'une famille où l'écriture est à l'honneur. Son père a été longtemps rédacteur sportif pour plusieurs journaux, dont la *Gazette*, et sa soeur Colleen est dramaturge et romancière.

A third-generation Montrealer, **Peggy Curran** grew up in the city's east end, went to high school and university in the west end, and now works in the middle.

Since 1980, Curran has been with the *Gazette* in Montreal. Starting out as a police and general assignment reporter, she wrote about fires and floods, mine cave-ins, outlaw biker wars, and gangland slayings. Curran has travelled from Flatrock, Newfoundland, to Whitehorse, Yukon, tracking premiers and prime ministers, the Pope, Queen Elizabeth, and the Queen Mother. She also spent four years in Ottawa in the *Gazette*'s parliamentary bureau, and has reported on national political leadership campaigns, three mayoral races, constitutional and aboriginal crises, and referendums to decide the future of Canada.

Since 1993, Curran has been the *Gazette*'s city columnist. Four days a week from her perch atop page three, she tells the city's remarkable stories and takes its pulse.

Curran comes from a family of writers. Her father was a longtime sportswriter for several newspapers, including the Gazette, and her sister Colleen is a playwright and novelist.

**Michael Carin**, rédacteur en chef de *Montreal Business Magazine*, a été responsable des communications pour une entreprise d'experts-conseils, professeur de la rédaction commerciale à l'université McGill, critique de livres pour la *Gazette* et rédacteur de bulletins d'entreprises dans divers secteurs. Montréalais d'origine et gagnant de prix de journalisme, il est l'auteur de deux romans, *Five Hundred Keys* et *The Neutron Picasso*.

**Michael Carin** is editor-in-chief of the *Montreal Business Magazine*. Previously, he served as head of communications for a consulting firm and taught business writing at McGill University. He has reviewed books for the *Gazette*, and has written newsletters for corporations in a variety of industries. A native Montrealer and a prize-winning journalist, Carin is author of the novels *Five Hundred Keys* and *The Neutron Picasso*.

Auteurs Writers

# Répertoire des profils
# Index of Profiles

LIBRARY OF CONGRESS CATALOGING-IN-PUBLICATION DATA

Pare, Jean, 1935-
Montreal : la joie de vivre / auteurs, Jean Pare et Peggy Curran ; chef de la photographie, Ron Levine = by Jean Pare and Peggy Curran ; photography, Ron Levine.
p. cm. — (Urban tapestry series)
In French and English.
Includes index.
ISBN 1-881096-47-5 (alk. paper)
1. Montreal (Quebec) —Civilization. 2. Montreal (Quebec) —Pictorial works. 3. Montreal (Quebec) —Economic conditions. 4. Business enterprises—Quebec (Province) —Montreal. I. Curran, Peggy, 1957- II. Levine, Ron, 1957- III. Title. IV. Series.
F1054.5.M85 P37 1998
971.4'27—ddc21

98-47466